古典文獻研究輯刊

三四編

潘美月・杜潔祥 主編

第9冊

續經義考・周易之部
（第四冊）

周懷文 著

國家圖書館出版品預行編目資料

續經義考·周易之部（第四冊）／周懷文 著 -- 初版 -- 新北市：
花木蘭文化事業有限公司，2022〔民 111〕
目 4+162 面；19×26 公分
（古典文獻研究輯刊 三四編；第 9 冊）
ISBN 978-986-518-864-1（精裝）
1.CST：易經 2.CST：研究考訂
011.08　　　　　　　　　　　　　　　　110022682

古典文獻研究輯刊
三四編　第 九 冊　　　　　　ISBN：978-986-518-864-1

續經義考·周易之部（第四冊）

作　　者　周懷文
主　　編　潘美月、杜潔祥
總 編 輯　杜潔祥
副總編輯　楊嘉樂
編輯主任　許郁翎
編　　輯　張雅淋、潘玟靜、劉子瑄　美術編輯　陳逸婷
出　　版　花木蘭文化事業有限公司
發 行 人　高小娟
聯絡地址　235 新北市中和區中安街七二號十三樓
　　　　　電話：02-2923-1455 ／傳真：02-2923-1452
網　　址　http://www.huamulan.tw 信箱 service@huamulans.com
印　　刷　普羅文化出版廣告事業
初　　版　2022 年 3 月
定　　價　三四編 51 冊（精裝）台幣 130,000 元

續經義考·周易之部
（第四冊）

周懷文　著

目次

黃作渠 羲經奧旨 佚

◎光緒《江西通志》卷九十九《藝文略》一《國朝》：《羲經奧旨》，黃作渠撰（《廬陵縣志》。字鶴汀）。

◎黃作渠，字鶴汀。江西廬陵人。著有《羲經奧旨》。

黃□□ 周易觀象 佚

◎戚學標《鶴泉文鈔續選》卷三《周易觀象序》：國朝言易有名數家：黃宗羲《易學象數》以易至焦、京流為方術，迨陳摶岐入道家，九流百氏莫不依託，作此以糾其失。所論卦變、畫卦、占筮皆古法，而仍雜以納音、月建之說。李光地《周易通論·易本／易教》二篇理最融貫，其《觀象》一書於《說卦傳》「天地定位」章略及，與語錄、文集中明先天圖者異，蓋亦知其非畫卦之本。胡渭《易圖明辨》自河洛、五行、九宮、先天太極以及龍圖、易數鈎隱圖、象數流弊，莫不申辨明據，古義鑿鑿。近則任啟運《易學洗心》發明圖學，時標精理。惠棟《周易述》則專發揮漢儒之學。至毛奇齡《仲氏易》、《推易始末》等書，於變易、交易外復出反易、對易、移易三義，實則所列三義不出交、變之中，移易又即本《繫詞》「剛柔相推」之文。就諸家而論，李為最醇，毛最駁，要皆精心義、文，各有深得，非專循誦習傳者也。今乃復得元城黃先生之《周易觀象》。先生天資明敏，書無不覽，於易終身以之。凡所論說，於後人依託子夏《易說》弗尚也；於《易緯·稽覽圖》所引卦氣起中孚、六十卦主六日七分、本之孟喜、京房者弗取也；於鄭康成著《乾鑿度》言大乙行九宮法流為異學者弗錄也；於陳應潤所駁周子太極圖、自成一家之說、不可以釋易，及先後天方圖圓圖，各存其解而亦不深辨也。其發明義理雖亦取王弼、韓康伯，務去其涉老莊、入元虛之弊。觀自敘力糾來知德言錯卦、綜卦之失，與所以辨正毛氏不遺餘力，知其所得深而言之有本矣。蓋先生以為易，象而已，河出圖洛出書，聖人則之，則者象也；仰觀俯察，近取遠取，所觀所察所取皆象也。象而後有數，數不外此象也。象在而理寓，理即在象中也。郭庸有言：「《易》之為書，其道其辭皆由象出，未有忘象而知易者。」熊過譏蔡清《蒙引》陳義而不及象；魏濬作《明象總論》，大旨謂周、文之易即象著易，孔子之易以理明象。蓋先儒有見及此者，不能如先生之精。易有內卦、外卦即有內卦、外卦之象，有本卦、之卦即有本卦、之卦之象，有互卦、有反對卦即有互卦、反對卦之象，自一畫而三畫而六畫而成卦，重為六十四，而六十

四卦又各有變，故象不可執也。先生謂本卦具上下兩卦之象，具中四爻之互象，具下四爻之環互象，具上下反對之象，即由夫子《序卦／說卦／雜卦傳》而悟得其象，而卦之體、卦之位、卦之德、卦之變、卦之辭、卦之占無不得矣。雖其所引雙峯胡氏厚離厚坎之說用解頤、損、益三卦之取象於危，似過立異，固不礙其書之大醇。某於易無得，猥辱儷五孝廉出其祖遺書而命之敘，披讀數過，覺義蘊之深，而蠡測之陋，其大旨所存犆得二三。在國朝說易諸名家中當高踞一席。先生成此書時年已八十，前輩究心經學，至老不倦，所造之深如此，其可敬也夫！〔註36〕

惠棟 惠氏易學 存

臺灣廣文書局編譯易學叢書本

◎臺灣廣文編譯所輯。

◎葉昌熾《奇觚庼詩集》卷中《惠經畲以重摹家藏四世傳經圖徵題，敬賦五言二十韻》：先師校邠廬，童冠從舞雩。得見五經裔，萬梅花下居。東渚近可即，水鄉耕且漁。禮堂有遺象，奉持修璠璵（惠潤之丈，林一師老友也，嘗攜原圖至校邠廬，敬觀其所居在光福，臨溯築樂水閣，為元徐良夫耕漁軒舊址）。荏苒四十載，披圖重歆歟。吾鄉論經學，惠氏為權輿。怡易先古義，發明鄭荀虞。何取輔嗣易，捉麈設元虛。後來鄭堂補，旁甄皋文書。不啻三隅反，松厓舉一隅。相見過庭日，爰溯祭海初。先河研溪叟，其流導仲儒。儒林有祭酒，一堂三世俱。杖履雖云邈，遺書尚詔予。絕業今一線，所繫千鈞如。漢人重家學，雅言為親娛。歐陽尚書說，傳高至地餘。濟南且藏壁，鄭鄉還表閭。世澤苟未艾，相繼論石渠。紅豆不終萎，喜今見經畲。

◎惠棟（1697～1758），字定宇，號松崖，學者稱小紅豆先生。江蘇元和（今蘇州）人。祖周惕、父士奇皆治易學，三世傳經。課徒著述，終身不仕。尤精漢易。又著有《後漢書補注》二十四卷、《荀子微言》一卷、《松崖文鈔》二卷、《漁洋山人精華錄訓纂》十卷總目二卷年譜註補二卷《金氏精華錄箋註辨譌》一卷《訓纂補》十卷首一卷、《范氏後漢書訓纂》二十五卷、《後漢書補注》二十四卷、《國語解訂譌》一卷、《漢事會最》二十四卷、《漢事會最人物志》三卷、《松崖筆記》三卷、《九曜齋筆記》三卷、《松崖雜鈔》一卷、《山海經補註》五卷、《太上感應篇注》二卷。又輯《尸子》二卷，補注汪琬《汪氏

〔註36〕文末有評云：「易理了然於中而筆足達之。」（柳洲）

說鈴》二卷。

惠棟 易大義 一卷 存

國圖藏嘉慶刻本

道光九年（1829）刻海山仙館叢書本

浙江藏清鈔本

◎跋：惠松崖徵君《周易述》三十八卷，內闕十五卦及《序卦》、《雜卦》二傳。其《易大義》三卷目錄云：「《中庸》二卷、《禮運》一卷闕。」乾隆中葉以後，惠氏之學大行，未刻之《易例》、《明堂大道錄》、《禘說》、《易漢學》，好事者皆刊板流傳矣。惟《易大義》世無傳本。嘉慶二十三年春，客游南昌，陽城張孝廉子絜出此見示，為艮庭先師手寫本，云係徐述卿學士所贈。藩收錄一帙，知非《易大義》，乃《中庸》注也。蓋徵君先作此注，其後欲著《易大義》以推廣其說。當時著於目而寔無其書，嗣君漢光先生即以此為《大義》耳。是注雖徵君少作，然七十子之微言亦具在是矣。昔年欲補此三卷，於《中庸》之旨略通其誼，至於《禮運》則反復求之而不能明也。今行年六十矣，垂老氣盡，學業無成，弗克續先師之緒言，徒傷日月之易邁，悲夫！嘉慶二十五年三月朔，門人江藩敬跋。

◎摘錄卷首：此仲尼微言也，子思傳其家學，著為此書，非明《易》不能通此書也。

◎盧見曾《雅雨堂文集》卷一《刻鄭氏周易序》：鄭氏之學立于學官，自漢魏六朝數百年來無異議者。唐貞觀中孔穎達撰《五經正義》，易用王輔嗣、《書》用孔子國，而二經之鄭義遂亡。今傳者惟《三禮》、《毛詩》而已。然北宋時鄭易猶存《文言》、《說卦》、《序卦》、《雜卦》四篇載於《崇文總目》，故朱漢上震、晁嵩山說之俱引其說。至南宋而四篇亦佚，於是浚儀王厚齋應麟始裒輯籍為《鄭氏易》一卷。前明胡孝轅震亨刊其書，附李氏《易傳》之後。往余讀《五經正義》所采鄭易間及爻辰，初未知爻辰為何物，及考鄭注《周禮・太師》與韋宏嗣昭注《周語》，乃律家合辰、樂家合聲之法。蓋乾、坤十二爻左右相錯，《乾鑿度》所云「間時而治六辰，故謂之爻辰也」。漢儒說易並有家法，其不苟作如此。第厚齋所集尚有遺漏。吾友元和惠子定宇，世通古義，重加增輯，並益以漢上、嵩山之說，釐為三卷。今依孝轅之例，仍附于李《傳》之後用廣其傳于世。余學易有年，每講求漢儒遺書以求印正，雖斷簡

殘編，未敢有所忽畧。此書之傳雖不及《三禮》、《毛詩》之完具，然漢學易義無多，存此以備一家，好古之士或有考于斯。乾隆丙子。

◎王昶《春融堂集》卷五十五《惠定宇先生墓誌銘》：先生惠姓，諱棟，字定宇，號松厓。先世扶風人，九世祖倫遷于吳。曾祖有聲與徐孝廉枋友善，以九經教授鄉里。祖周惕，康熙辛未進士，由庶吉士改授密雲縣知縣，工詩古文，著《易傳》《春秋問》《三禮問》《詩說》諸書。考士奇，康熙己丑進士，歷官翰林院侍講學士，兩任廣東學政，以通經訓士，粵人至今誦之，著《易說》《禮說》《春秋說》《大學說》《交食舉隅》《琴篋篿理數考》《紅豆齋小草》諸書。先生生而凝靜敦樸，好學不倦，好禮不變，以孝友忠信為坊表。年二十補元和縣學諸生。先是學士從粵歸，奏對不稱旨，罰修鎮江城，用斁其家。先生退居葑門之泮環巷，樵蘇後爨，意豁如也。承其家學，於經史諸子稗官野乘及七經瑟䚡緯之學無不肄業及之。經取註疏，史兼裴、張、小司馬、顏籀、章懷之註。諸子若《莊》《列》《荀》《揚》《呂覽》《淮南》古註亦並及焉。而小學本《爾雅》、六書本《說文》，餘及《急就章》《經典釋文》、漢魏碑碣，自《玉篇》《廣韻》而下勿論也。甲子鄉試，以用《漢書》為考官所黜，由是息意進取。乾隆十六年天子詔舉經明行修之士，兩江總督黃公廷桂、陝甘總督尹公繼善咸以先生名上。會大學士九卿索所著書，未及進，罷歸。先生嘗以顧氏炎武《左傳補註》雖取開成石經較其同異，而義有未盡，因發明賈氏、昭氏之學，附以羣經，作《補註》四卷。於《尚書》採撷《史記》、前後《漢書》及羣經註疏以辨後出古文之偽，定鄭康成之二十四篇非張霸偽造，為真古文；梅賾之二十五篇為偽古文，作《古文尚書攷》二卷，爬羅剔抉，句疏字櫛，摘其偽之由來，皆郝氏敬、閻氏若璩所未及。雖毛氏奇齡之《冤詞》莫能解也。以范蔚宗《後漢書》因華嶠而成書，古人嫌其缺畧遺誤而《東觀漢記》謝承之書不存，取《初學記》《藝文類聚》《北堂書鈔》《太平御覽》諸書，作《後漢書補註》十五卷。又以漢儒通經有家法，故五經師訓詁之學皆由口授，古文古義非經師不能辨也，先生四世傳經，恐日久失其句讀，成《九經古義》二十卷。于易理尤精，著《易漢學》七卷、《周易述》二十卷，凡鄭君之爻辰、虞翻之納甲、荀諝之升降、京房之世應飛伏暨六日七分世軌之說，悉為疏通證明。由李氏之《集解》以及其餘，而漢代易學燎然。又撰《易微言》二卷、《易例》二卷以闡明之。又因學易而悟明堂之法，作《明堂大道錄》八卷、《禘說》二卷，發聖人饗帝饗親之至意，謂古之明堂治朝，

太廟、靈臺、辟雍咸在其間，攷之《堯典》《春秋》《月令》《王制》無不合也。少嗜新城王尚書《精華錄》，為《訓纂》二十四卷，搜採博洽，貫串掌故，亦為世所傳。先生生康熙三十六年丁丑十月初五日，終乾隆二十五年戊寅五月二十二日，年六十有二。初聘朱氏，繼配張氏，又配陳氏。子四：承學、承緒、承跗、承蕚。以某年月日葬于吳縣西渚邨之祖塋。先生以名賢後裔蔚為大儒，同里蔣編修恭棐、楊編修繩武深相器重，而常熟御史王公峻尤重之。余弱冠游諸公間，因得問業于先生。及丙子、丁丑，先生與余又同客盧運使見曾所，益得盡讀先生所著。嘗與華亭沈上舍大成手鈔而校正之，故知先生之學之根抵，莫余為詳。嗚呼！自孔賈奉勅作《正義》，而漢魏六朝老師宿儒專門名家之說並廢。又近時吳中何氏焯、汪氏份以時文倡導學者，而經術益衰。先生生數千載後，耽思旁訊，探古訓不傳之祕，以求聖賢之微言大義，於是吳江沈君彤、長洲余君蕭客、朱君楷、江君聲等，先後羽翼之，流風所煽，海內人士無不重通經，通經無不知信古，而其端自先生發之，可謂豪傑之士矣。因取陸淳、施士丐、孫復之例稱先生，以刻于石，且為銘曰：端門有命標羣經，西河退老相師承。硎谷瓜實悲秦坑，淹中棘下蕪榛芳。山東大師當炎興，口講指畫開文明。自唐息宋義漸息盲，釀嘲閔笑疇其徵。先生晚出研道精，七經六緯蟠胸膺。日月為易窺機衡，或薦于朝困未亨。歸而抱牘棲柴荊，愁遺一老奠兩楹。秋山蒼蒼洞庭，斑然狸首千秋局。吁嗟儒林亡典型，後有惇史眠此銘。

惠棟　易漢學　八卷　存

復旦藏稿本（七卷）

南京藏鈔本

上海藏鈔本（一卷）

山東藏乾隆中畢沅刻經訓堂叢書本

四庫本

山東藏光緒十四年（1888）南菁書院刻皇清經解續編本

光緒二十二年（1896）彙文軒刻本

清刻清來堂印本

清柏筠堂刻本

叢書集成初編據經訓堂叢書本排印本

　　叢書集成新編本

　　山東藏臺北成文出版社 1976 年無求備齋易經集成影印光緒二十二年（1896）匯文軒刻本

　　山東藏臺北商務印書館 1983 年景印文淵閣四庫全書影印國立故宮博物院藏本

　　山東藏臺灣新文豐出版公司 1983 年大易類聚初集影印皇清經解續編本

　　山東藏道光二十四年（1844）吳江沈氏世楷堂刻昭代叢書本（一卷）

　　中華書局 2007 年鄭萬耕據續經解本參校點校本

　　黑龍江人民出版社 2010 年梁韋弦著清人易學二種〔註37〕評解本

　　儒藏精華編點校本

　　◎易漢學原序〔註38〕：六經定於孔子，燬於秦，傳於漢。漢學之亡久矣！獨《詩》《禮》二經猶存毛鄭兩家，《春秋》為杜氏所亂，《尚書》為偽孔氏所亂，《易經》為王氏所亂。杜氏雖有更定，大較同於賈服，偽孔氏則襍采馬王之說。漢學雖亡而未盡亡也。惟王輔嗣以假象說易，根本黃老，而漢經師之義蕩然無復有存者矣，故宋人趙紫芝有詩云：「輔嗣易行無漢學，玄暉詩變有唐風。」蓋實錄也。棟曾王父樸菴先生嘗閔漢易之不存也，取李氏《易解》所載者，參眾說而為之傳。天、崇之際，遭亂散佚，以其說口授王父，王父授之先君，先君於是成《易說》六卷，又嘗欲別撰《漢經師說易源流》而未暇也。棟趨庭之際習聞餘論，左右采獲，成書七卷，自孟長卿以下，五家之易，異流同源，其說略備。嗚呼！先君無祿，即世三年矣，以棟之不才，何敢輒議著述，然以四世之學，上承先漢，存什一於千百，庶後之思漢學者猶知取證，且使吾子孫無忘舊業云。長洲惠棟。

　　◎程晉芳《勉行堂文集》卷五《易漢學跋》：《易漢學》八卷，近人惠氏棟定宇所輯。首孟長卿易二卷，次虞仲翔易一卷，次京君明易二卷，次鄭康成易一卷，次荀慈明易一卷，次河圖洛書先後天兩儀四象太極圖辨重卦說卦辨共一卷。中卷兼載一行《歷經》及《火珠林》推衍法。觀其次序，似非手訂之書，所蒐輯亦未極賅備，而《虞氏逸象》尤適用其他，則但資博雅而已。余嘗謂《詩》《書》《三禮》《三傳》漢儒注釋多勝後人，至易學則宋明以來較勝于漢人，嘗著論序辨之。噫！學者苟不入其室，焉得操矛以伐耶？李延平、朱

〔註37〕惠棟《易漢學》、王夫之《周易大象解》。
〔註38〕又見於《松崖文鈔》卷一，題《易漢學自序》，末「長洲惠棟」作「是為序」。

子皆深于內典，而其闢二氏之學最精，則學易者又不可不知漢人涂徑也。

◎王昶《春融堂集》卷四十三《易漢學跋》：漢學廢久矣，易滋甚。王氏應麟集鄭君之遺，未得其解，自後毋論矣。定宇世傳經術，於註疏尤深所攷。《易漢學》分茅設蕝，一卦氣、一納甲、一世應、一爻辰、一升降，而漢儒以象數說易者始備，其中惟卦氣傳最久、用最多，故《後漢書》而下迄於王，莫不舉十二辟卦以驗消息，而七十二候著於周公，故歐陽公素疾讖緯，亦載入《五代史·司天攷》中。然三統、四分歷術失傳既久，所謂六日七分，於氣盈朔虛置閏之法莫得而詳，而爻值某辰某宿法亦不傳。夫漢儒諸家之說今畧見於李鼎祚《集解》，頗恨其各摘數條，參差雜出，不獲見其全，因不能推而演之也。定宇采掇排次，藁凡五六易。丁丑與余客揚州，始定此本。命小胥錄其副，以是授余，蓋其所手書者。今下世已十年矣，展復數過，為之泫然。又攷《晉書·藝術傳》臺產少專京氏易，善圖讖、祕緯、天文、洛書、風角、星算、六日七分之學；又《隋書·經籍志》梁有《周易飛候六日七分》八卷亡。此二條為采掇所未及，因併記於跋尾。

◎王昶《春融堂集》卷六十八《示長沙弟子唐業敬》：經學端以註疏為宗，易由輔嗣逮於程朱，而義理始暢然。秦漢大師之傳皆原孔氏，其畧載唐李鼎祚《易解》。近日惠徵君棟撰《易漢學》、《易述》以發明之，從此尋流討源問津更易。

◎強汝詢《求益齋文集》卷四《佩雅堂書目總序·易類》：後儒既崇朱學，遂謂《程傳》專言義理為非，甚者至疑文王、孔子失伏羲之意。嗟乎！朱子之尊《程傳》至矣，言易者乃欲宗朱而祧程，豈朱子意哉？近世經生復搜孟、焦之餘說，號為漢易，蓋厭常好異，古今一也，然捃摭殘闕，並不能自完其說，用心彌勞所得彌陋，而侈然自是，斥程朱義理為空言。夫孔子十翼言義理者什九，若卦氣、爻辰、互體、消息、飛伏、納甲之類，未嘗一言及之，將無孔子亦為空言，不及孟、焦之流耶？此其是非固不待辨。承學者惑而不察，隨聲附和，循是不已，則易又為無益之書，而四聖人之心幾何其不復晦乎？汝詢奉先君子之教，粗知易家之得失，其得者可師，而失者亦可鑒也。總凡若干家，列目如左。

◎何焯彥《易經遵孔八晢類稿》卷十二《集晢》：又惠氏《易漢學》考漢易宗派源流，掇拾緒論以見大凡。凡孟長卿、虞仲翔、京君明，皆輯其易說為書，而干寶附之。又集鄭康成、荀慈明各易說。其末則惠氏發明漢易之理以

辨正河圖洛書先天太極之學者。

　　◎四庫提要：是編乃追考漢儒易學，掇拾緒論以見大凡，凡《孟長卿易》二卷，《虞仲翔易》一卷，《京君明易》二卷，《干寶易》附見。《鄭康成易》一卷，《荀慈明易》一卷，其末一卷則棟發明漢易之理，以辨正河圖、洛書、先天、太極之學。其以虞翻次孟喜者，以翻別傳自稱「五世傳孟氏易」；以鄭元次京房者，以《後漢書》稱元通京氏易也。荀爽別為一卷，則費氏易之流派矣。考漢易自田王孫後始岐為施、孟、梁邱三派，然《漢書・儒林傳》稱：孟喜「得易家候陰陽災變書，詐言田生且死時，枕喜劜獨傳。而梁邱賀疏通證明，謂田生絕於施仇手中，時喜歸東海，安得此事？」又稱「焦延壽嘗從孟喜問易，京房以為延壽即孟氏學，而翟牧、白生不肯，皆曰非也」。劉向亦稱諸易家說皆祖田何、楊叔、丁將軍，大義略同，惟京氏為異黨，則漢學之有孟、京亦猶宋學之有陳、邵，均所謂易外別傳也。費氏學自陳元、鄭眾、馬融、鄭元以下遞傳以至王弼，是為今本。然《漢書》稱「直長於卦筮，無章句，徒以《象》、《彖》、《繫辭》十篇、《文言》解說上下經」，又《隋志》五行家有直《易林》二卷，《易內神筮》二卷，《周易筮占林》五卷，則直易亦兼言卜筮，特其爻象、承應，陰陽變化之說，與孟、京兩家體例較異。合是三派，漢學之占法亦約略盡此矣。夫易本為卜筮作，而漢儒多參以占侯，未必盡合周、孔之法。然其時去古未遠，要必有所受之。棟采輯遺聞鉤稽考證，使學者得略見漢儒之門徑，於易亦不為無功矣。孟、京兩家之學當歸術數，然費氏為象數之正傳，鄭氏之學亦兼用京、費之說，有未可盡目為讖緯者，故仍列之經部焉。

惠棟 易例 二卷 存

　　四庫本

　　乾隆四十年（1775）張錦芳校刻本

　　乾隆刻貸園叢書初集本

　　山東藏乾隆五十四年（1789）周氏竹西書屋據益都李文藻刊版重編印貸園叢書初集本

　　山東藏光緒十四年（1888）南菁書院刻皇清經解續編本（光緒刻、光緒石印）

　　澤古齋重鈔本（道光重編）

式古居彙鈔本（道光重編）

清鈔本（不分卷。清嚴長明校並跋，丁祖蔭、俞鴻籌跋）

指海本（道光刻、民國影印）

中科院、山東藏清木活字印本

山東藏 1920 年上海博古齋影印嘉慶刻借月山房匯鈔本

商務印書館 1936 年據貸園叢書本排印本（與胡祥麟虞氏易消息圖說初稿、胡秉虔卦本圖考合訂）

山東藏 1936 年上海商務印書館叢書集成初編據貸園叢書排印本

中華書局 2007 年鄭萬耕據續經解本參校點校本

山東藏臺北成文出版社 1976 年無求備齋易經集成影印乾隆四十年（1775）張錦芳校刻本

山東藏臺北商務印書館 1983 年景印文淵閣四庫全書影印國立故宮博物院藏本

山東藏臺灣新文豐出版公司 1983 年大易類聚初集影印皇清經解續編本

叢書集成新編本

◎目錄：

卷上：太極生次。太易。易。伏羲作易大義。伏羲作八卦之法。大衍太極。元亨利貞大義。利貞。天地之始。象五帝時書名。八卦。兼三才。易初爻。虞氏之卦大義。占卦。左氏所占一爻動者居多。陰爻居中稱黃。扶陽抑陰。陽道不絕陰道絕義。陽无死義。中和。詩尚中和。禮樂尚中和。君道貴中和。建國尚中和。春秋尚中和。中和。君道中和。易氣從下生（缺）。卦无先天。古有聖人之德然後居天子之位。緯書所論多周秦舊法不可盡廢（缺）。中正。時。中（缺）。升降。大衍之數五十一章即伏羲作八卦之事後人用之作卜筮即依此法（缺），左傳之卦說（缺）。承乘（缺）。應（缺）。當位不當位附應。世應。游歸。

卷下：飛伏。貴賤。爻等。貞悔。消息。四正。十二消息。乾升坤降。元亨利貞皆言既濟。諸卦既濟。用九用六。用九。用九用六之法在乾坤二卦甲子卦氣起中孚。既濟。剛柔。天道尚剛。君道尚剛不尚柔（缺）七八九六。天地之數止七八九六。九六義。兩象易。反卦。反復不衰卦。半象。爻變受成法。諸卦旁通。旁通卦變。旁通相應。震巽特變。君子為陽大義。諸卦方位即明堂方位（缺）諸例。性命之理（缺）。君子小人。離四為聖人。五行相次。土

數五。乾為仁。初為元士。震為車。艮為言。中和之本贊化育之本。乾五為聖人。震初為聖人（缺）。乾九三君子（缺）。坤六三匪人（缺）。易例。

◎四庫提要：桂林府同知李文藻刊本。棟所作《周易述》目錄，列有《易微言》等七書，惟《易微言》二卷附刊卷末，其餘並闕。此《易例》二卷即七書中之第三種，近始刊本於潮陽，皆考究漢儒之傳，以發明易之本例，凡九十類，其中有錄無書者十三類，原跋稱為未成之本。今考其書非惟采擷未完，即門目亦尚未分，意棟欲鎔鑄舊說，作為《易例》，先創草本，采擷漢儒易說，隨手題識，筆之於冊，以儲作論之材。其標目有當為例而立一類者，亦有不當為例而立一類者，有一類為一例者，亦有一類為數例者。如既有「撫陽抑陰」一類，又有「陽道不絕陰道絕義」一類，又有「陽無死義」一類，此必欲作「扶陽抑陰」一例而雜錄於三處者也。曰「中和」，曰「詩尚中和」，曰「禮樂尚中和」，曰「君道尚中和」，曰「建國尚中和」，曰「春秋尚中和」，分為六類，已極繁復，而其後又出「中和」一類、「君道中和」一類，卷末更出「中和之本」一類，此亦必欲作「易尚中和」一例而散見於九處者也。「古者有聖人之德然後居天子之位」一類徵引繁蕪，與易理無關，而題下注曰「即二升坤五義」，此必擴為「乾升坤降」之佐證，而偶置在前者也。又如：「初為元士」一類，即貴賤類中之一；「乾為仁」、「震為車」、「艮為言」三類，即諸例中之三；「天地之始」一類，即「卦無先天」一類之復出，皆由未及排貫，遂似散錢滿屋。至於《史記》讀易之文、《漢書》傳易之派，更與易例無與，亦必存為佐證之文，而傳寫者誤為本書也。此類不一而足，均不可據為定本。然棟於諸經深窺古義，其所捃摭大抵老師宿儒專門授受之微旨，一字一句具有淵源。苟汰其蕪雜存其菁英因所錄而排比參稽之，猶可以見聖人作易之大綱漢代傳經之崖略，正未可以殘闕少緒竟棄其橐矣。

◎跋：惠定宇先生言易之書，予所見《周易述》《鄭氏易》先有刻本；《周易古義》為《九經》中一種，癸巳歲予刻于潮陽；《易漢學》嘗錄副而復失之。甲午十月，予自潮來羊城，周校書永年寄《易例》一冊，亦先生所輯，中多有目無說，蓋未成之書。然讀先生之易者，非此無以發其凡。予以意釐為二卷，屬順德張明經錦芳校刊。乙未夏再至已蕆事，而《易漢學》一書，予座主少詹事錢公有寫本，當求而刻之。先生又有《左傳補註》《尚書古文考》，亦予所刻也。是年五月五日，益都李文藻記。

◎焦循《雕菰集》卷六《讀書三十二贊‧易例易漢學左傳補注》：東吳惠

氏，四世傳經，至於徵士，學古益精。弼、康告退，荀、虞列庭。例明派別，祛蔽開冥。學者知古，惟君是程。《春秋左氏》，以古學名；征南違舛，誰破其熒。補而注之，功在先生。

◎何焯彥《易經遵孔八晢類稿》卷十二《集晢》：又惠氏《易例》皆考究漢儒之傳，以發明易之本例，然而皆未盡當也。

惠棟 易微言 二卷 存

周易述附本

北京圖書館出版社 1997 年影印本

惠棟 增補鄭氏周易 三卷 存

四庫本

上海藏乾隆稿本（清蔡孫峰跋）

國圖藏乾隆刻雅雨堂藏書本（阮元校注，陳鱣校跋並錄盧文弨、孫志祖、丁杰跋，李慈銘校並跋）

上海藏乾隆刻雅雨堂藏書本（皇錫元校並跋）

湖北藏清鈔本

上海藏日本寬政七年（1795）兼葭堂刻本

◎漢鄭玄原撰，宋王應麟輯，清惠棟考補。

◎四庫提要「新本鄭氏周易」條：初王應麟輯《鄭元易注》一卷，其後人附刻《玉海》之末。雖殘章斷句，尚頗見漢學之崖略，於經籍頗為有功，然皆不著所出之書，又次序先後，間與經文不應，亦有遺漏未載者。棟因其舊本，重為補正。凡應麟書所已載者，一一考求原本，注其出自某書，明其信而有徵，極為詳核。其次序先後，亦悉從經文釐定。復搜采群籍，上經補二十八條，下經補十六條，《繫辭傳》補十四條，《說卦傳》補二十二條，《序卦傳》補七條，《雜卦傳》補五條，移應麟所附《易贊》一篇於卷端，刪去所引諸經《正義》論互卦者八條，而別據元《周禮・太師注》作《十二月交辰圖》，據元《月令》注作《交辰所值二十八宿圖》，附於卷末，以駁朱震《漢上易傳》之誤。雖因人成事，而考核精密，實勝原書。應麟固鄭氏之功臣，棟之是編，亦可謂王氏之功臣矣。

◎譚宗浚《希古堂集》甲集卷一《重刻周易集解序》：仁和葉誠齋大令宰雲陽，有循聲，重刻李鼎祚《周易集解》以嘉惠多士，而問序於余。余嘗謂經

之難治者莫如《易》，蓋其為書也廣大悉備，凡名物象數之理無所不包。漢儒說易具有家法，不容臆造。自王輔嗣易注盛行，唐以後列於學官，而漢易幾廢，然好學之士或心訾之。觀鼎祚此序云「刊嗣之野文，補康成之逸象」，其於王注亦深致不滿矣。近儒談漢易者莫如惠定宇、張皋蘭諸先生，然惠氏《重輯鄭康成易注》、張氏《易義別錄》咸多采撮，是書佚說遺文賴以不墜，誠唐宋以來可貴之古藉也。竊謂王注善談名理、標舉元遠，誠與漢易不同；至其訓詁，則有不能易漢儒舊說者。今姑就此書及《釋文》校之：王注解「匪其彭」與《子夏傳》合、解「婦喪其茀」與馬融注合、解「王假有廟」與康成注合、解「拔茅茹以其彙」與荀爽注合，凡此之類不下數十條，且隱用漢儒意義而變易其詞者，尤不一而足，豈得指為排擊漢儒自標新學哉？且虞翻易注尚明言馬、鄭之失而王注無之，其未嘗輕詆前人尤可概見。吾聞之：「易學在蜀」，意後世達儒必將有能過鄭、王兩家之畸而得所折衷者？！因序是書之刻而并及之。

◎四庫提要「周易鄭康成注」條：案《隋志》載鄭元《周易注》九卷，又稱：「鄭元、王弼二注，梁、陳列於國學，齊代惟傳鄭義，至隋，王注盛行，鄭學浸微。」然《新唐書》著錄十卷，是唐時其書猶在，故李鼎祚《集解》多引之。宋《崇文總目》惟載一卷，所存者僅《文言》、《序卦》、《說卦》、《雜卦》四篇，餘皆散佚，至《中興書目》始不著錄（案《中興書目》今不傳，此據馮椅《易學》所引）。則亡於南北宋之間，故晁說之、朱震尚能見其遺文，而淳熙以後諸儒即罕所稱引也。應麟始旁摭諸書裒為此帙，經文異字亦皆並存，其無經文可綴者則總錄於末簡。又以元注多言互體，並取《左傳》、《禮記》、《周禮正義》中論互體者八條以類附焉。考元初從第五元先受京氏易，又從馬融受費氏易，故其學出入於兩家，然要其大旨費義居多，實為傳易之正脈。齊陸澄與王儉書曰：「王弼注易，元學之所宗。今若崇儒，鄭注不可廢。」其論最篤。唐初詔修《正義》仍黜鄭崇王，非達識也。應麟能於散佚之餘搜羅放失，以存漢易之一線，可謂篤志遺經研心古義者矣。近時惠棟別有考訂之本體例較密，然經營創始實自應麟，其捃拾之勞亦不可泯。今並著於錄，所以兩存其功也。

惠棟 周易本義辨證 六卷 附錄一卷 存

上海藏手稿本（丁祖蔭題識，葉景葵跋）

北大藏乾隆惠氏紅豆齋鈔本

哈佛藏常熟蔣氏省吾堂乾隆刻省吾堂四種本（五卷）

續四庫影印北大藏清惠氏紅豆齋鈔本

復旦藏清鈔本（清翁方綱批）

北大藏日本享和二年（1802）江戶官刻本（五卷）

◎凡例：

一、古文《周易》十二篇，上經、下經、上彖、下彖、上象、下象、上繫、下繫、文言、說卦、序卦、雜卦也。上彖以下謂之傳，相傳夫子所譔，漢人稱為十翊（見《坤鑿度》及魏伯陽《參同契》。翊亦作翼）。鄭康成始以彖象連經文，王弼又以文言附乾坤二卦，程傳因之。及朱子作《本義》，乃依東萊呂氏（祖謙）所定之本分為經二卷傳十卷，而刪「彖曰」、「象曰」、「文言曰」諸後增之文，於是千餘年散亂之書，釐然復正。明永樂中修《大全》，取朱子卷次割裂附之程傳之下，後來士子又復棄去《程傳》不習，專習《本義》。坊間遂取《大全》之本，刊程存朱，又以程之次第為朱之次第，相傳三百年來無有更正之者。國朝康熙御纂《周易折中》，篇次一依《本義》，正鄭、王之紕繆，還孔氏之舊觀，使學者復見古經，誠盛事也。第坊刻《本義》尚襲《大全》之訛，關中命題至有以爻辭與小象合而出者，事不師古，匪說攸聞。今刻《本義》，鄙見以為宜遵御定之本，復朱子之舊第。承訛既久，功令未頒，不敢改也。

一、《本義》向無音釋，先是東萊呂氏（祖謙）採陸氏（德明）、晁氏（說之）兩家之說，譔《音訓》一篇，漢魏以後諸儒傳易之本異同畧備，朱子之所深取，故其孫子明（錯）嘗刊是書附于《本義》之後而跋之云：先公箸述經傳，悉加音訓，而於易獨否者，以有東萊先生此書也。今刻《本義》頗以音訓附于上，其未備者則取《說文》《玉篇》《廣韻》諸書以補之。

一、今《本義》經文乃程易，非朱易也。程子從王弼本，朱子折中于晁、呂之說，經文一依古易（祁陽董氏謂朱子《本義》多從古文），如泰六三象「無往不復」作「無平不陂」，萃九五象「志未光也」羨志字，《上繫》第六章「效法之謂坤」效作爻（古文爻）、八章「作易者」乃「為易者」，《下繫》一章「何以守位，曰仁」仁作人（右仁字皆借作仁，《本義》只作人）、第五章「以存身也」存作全、「死期將至」期作其，《說卦》「水火相逮」水火下脫不字，《雜卦》「豐多故也」羨也字，凡此之類皆與《程傳》不同，今已改正（以上九條得之

秀巖李氏心傳、雙湖胡氏一桂、天台董氏楷、雲峯胡氏炳文、鄱陽董氏真卿之說，蓋所據《本義》如此。今宋本《本義》不可見，而呂氏《音訓》所載與《程傳》異者尚數十條，不敢輒改，別附于上）。又如比卦初六「終來有它吉」、中孚初九「有它不燕」、《下繫》十章「六者非它也」，俗皆作他；大有九四象「明辨晳也」（晳從折從日）俗作晢（從析從白，音義皆訛）；離九三「日昃之離」、豐彖「日中則昃」，俗皆作昃（《說文》《玉篇》無昃字，依字當作厢，而《釋文》石經宋本皆作昃）；離九三「大耋之嗟」俗作耊，解象甲坼俗作拆，《下繫》五章「惡積而不可揜」俗作掩（困象仍作揜），《序卦》「決必有遇」俗作必有所遇之類，則又坊本傳寫之訛，當急為是正者也（又坎卦「樽酒簋」樽當作尊、噬嗑「噬腊肉」腊當作昔之類，此魏晉以來傳訛之舊，不敢改也）。

一、《本義》有未備者，間以《語類》及《程傳》補之。其與《程傳》異者，畧著其說，或《本義》所載先儒姓氏及說所本者，並為箋釋。

一、《語類》沈莊仲（僴）謂朱子於《詩傳》自以為無復遺恨，而意不甚滿于《易本義》。黃直卿（幹）亦言「朱先生諸書如《語》《孟》《中庸》《大學》乃四方學者所共讀，因其質疑問難之際，多所修改，故其義為最精。若《易》之為書，學者未敢遽讀，故未嘗有所修改。竊恐其間文義未甚妥帖」云云，余於《本義》中有疑義當參者則旁采眾說，傅以古義。至于象傳、卦變，《本義》每以二爻相比者相易，往往與傳義多違。今並廣以漢儒之說，願與我二三同志一決擇焉，未必非先賢之志也。

一、王弼傳費直易，費直本皆古字，號古文易，並未弼所竄易。故今《易經》俗字獨多。今以《釋文》《音訓》諸所述古文附于上，並參以鄙見，以俟同志者之折衷，其不可致詰者則闕焉。

一、《語類》謂彖辭象辭皆押韻，程沙隨（迥）謂小象叶聲韻，故《太元》測亦有韻。董季真（真卿）謂易自坤以下六十三卦小象散入爻辭之下，遂不可讀，甚失夫子本文。今十翼次序雖不能復古，姑于各彖象之下釋以古音，特為加古字以別之。

一、近日所傳《子夏易傳》及郭京《易舉正》皆贋書也。《子夏傳》唐張狐作，《易舉正》蓋宋人所撰，據云曾得王輔嗣親手與韓康伯注易本。無論王、韓世次不相及（辨見《困學記聞》），即其書攷之，謬悠荒唐，漫無依據，間有一二合于義理，皆汋取王昭素、范諤昌諸人之說，而託之王弼者。洪容齋（適）撰《隨筆》、楊鼎卿（甲）撰《六經圖》、董季真（真卿）撰《周易會通》，皆信

其說，惟朱子卓識，以為亂道（見《語類》六十七卷）。《子夏傳》獨《釋文》所載及唐一行所纂者乃古書也。

一、《本義》前列九圖，後附五贊、筮儀。尋河圖洛書乃五行九宮方位，阮逸、劉牧偽撰以為圖書，先儒已辨其說。若夫伏羲四圖皆出于邵氏，邵氏之學本之廬山老浮屠（見所止《蔡傳》、《易堂記喪》、《困學紀聞》），程子所不取（見陸氏游《劍南集跋》、隋郭申《易老解》），顧寧人（炎武）謂希夷之圖、康節之書皆道家之易，以道家之說為伏羲，而加之文王、周公、孔子之上，竊有未安。今刻《本義》退九圖于後，與五贊、筮儀同附于卷末。

一、坊本載八卦取象歌等，朱子《本義》所無，今仍附于後以便初學。

◎翁方綱《復初齋文集》卷三十四《題惠定宇像後》：愚十六年前題惠松厓小像云：「紫陽舊說證如新，不獨功臣又爭臣。」蓋因惠氏《周易本義辨證》一書為讀《本義》者足資攷訂云爾。今重展此軸，見盛君柚堂題識，并及於《禘說》、《明堂大道錄》，則似專舉其異乎朱子之說以為誇博，愚竊懼焉！惠氏於諸經硜硜守師法，其所著諸書具在也，至其《禘說》、《明堂大道錄》則泥於鄭說而過甚者。祭法首段楊信齋之說當矣，孔疏欲傅會鄭說，以禘為祭天，不得其證，乃援《爾雅・釋天》之文以佐之，不知《爾雅》此文自言祭耳，不言祭天也。但讀下文「繹又祭也」，其義自明矣，安得援《爾雅》以為祭天耶？惠氏因讀易而及禘，又因禘而及明堂，不可為據也。恐因盛君此識并愚詩「紫陽爭臣」一語皆蹈失言之愆，而開後人嗜駁程、朱之漸，所關非細，故不得不復識於此。

惠棟　周易古義　二卷　存

蘇州博物館藏稿本（不分卷）

山東藏乾隆三十八年（1773）益都李文藻刻乾隆五十四年（1789）歷城周氏竹西書屋重編印貸園叢書初集本

山東藏嘉慶刻省吾堂四種・九經古義本

光緒刻槐廬叢書・九經古義本

山東藏道光中吳江沈氏世楷堂刻昭代叢書本（一卷）

◎跋：東吳惠氏四世傳授漢學，松厓先生集其大成，所著《周易述》諸書久已膾炙人口。余輯叢書壬癸兩集，以《易漢學》居首，蓋欲明古易，舍此末由也。今補甲乙等集，特以《九經古義》先之。先生謂經之義存乎訓，識字

審音，乃知其義。其說易也，謂堅冰之冰當作仌、陰始凝之凝當作冰，引《爾雅》《莊子》為證。即此開卷一條，學者已罕聞其義矣。翠嶺沈楙悳。

◎錢泰吉《甘泉鄉人稿》卷八《曝書雜記》中「元和惠氏所著書」條：漢儒易學賴李氏《集解》存其崖略，至國朝惠半農父子始大闡發。張皋文專求虞氏義，以傳孟氏之易孤經絕學也。惠氏三世經學始於硯溪，硯溪父樸庵先生名有聲，以九經教授鄉里，與徐俟齋善，硯溪因從俟齋遊，則導源有自矣。初學治經當從詁訓入，所謂小學也。定宇《九經古義》於漢法詁訓、古字古言多疏通證明，竊謂讀惠氏書者當先觀《九經古義》，次讀半農《禮說》《春秋說》、硯溪《詩說》，而《易漢學》則俟之學成而後。鄙論如此，仁圃亦謂其言為然。嘉興馬珊林應潮嘗注《九經古義》頗該洽，珊林沒已有年，不知尚有為收拾遺書者否？！

惠棟　周易講義合參　二卷　存

上海藏稿本

◎卷首題簽：惠定宇先生著《周易本義辨證》既成，復著《周易講義合參》。今《辨證》已刊板行世，《合參》只有鈔本，而流傳亦希。此則先生之原稿。若《易漢學》、《周易述》等書皆有刻本，即原稿亦不足為貴。

◎《版本目錄學研究》第六輯收錄臺灣大學中國文學研究所莊民敬《〈周易講義合參〉疑義考辨》可參。

惠棟　周易述　二十三卷　存

四庫本

北大藏乾隆二十五年（1760）德州盧氏雅雨堂刻嘉慶二十五年（1820）增刻本〔註39〕（四十卷）

四部備要據學海堂本

山東藏臺北商務印書館 1983 年景印文淵閣四庫全書影印國立故宮博物院藏本

山東藏道光九年（1829）廣東學海堂刻皇清經解本

山東藏 1936 年上海中華書局四部備要鉛印本

〔註39〕卷八、二一、二六、二九至三十原缺，卷二四至二五、二七至二八、三十至四十未刻。

山東藏臺北成文出版社 1976 年無求備齋易經集成影印乾隆二十一年
（1756）雅雨堂刻本

巴蜀書社 1993 年易學基本叢書袁庭棟整理本

九州出版社 2005 年易學叢刊簡體橫排整理本

中華書局 2007 年鄭萬耕據文淵閣四庫全書點校本

皇清經解本（二十一卷。道光刻、咸豐補刻、鴻寶齋石印、點石齋石印）

儒藏精華編點校本

◎程晉芳《勉行堂文集》卷五《周易述跋》：右長洲惠棟定宇著。專注漢
學，既自為注，復以古注參之。自上下經至《雜卦傳》凡二十一卷；第二
十二、二十三卷曰《易微言》，皆取古書之有關于陰陽理道者；自卷二十四至
三十為《易大義》《例例》《易法》《易正訛》，皆未刻，意其家當有之，惜未及
見也。近者漢學之盛倡于定宇，謂易有五家漢魏晉唐宋，惟漢易用師法得其
傳。不知輔嗣微言不同于解老。凡定宇所尸祝者，皆輔嗣既撥之雲霧也。輔
嗣開其先，宋賢繼其後，又得家綿莊《易學三書》，參之以安溪諸人，而易道
大備矣。然此采輯頗博，足資搜討，如以易之正則在是焉，則入于幽谷不復
出矣。

◎陳黃中《東莊遺集》卷三《惠定宇墓誌銘》：本朝中吳世族，以經義名
家，世取科第者，無慮十數家。其繼世科之後，獨抱遺經、遠承絕學，則有吾
友松崖惠君。蓋其學醇行粹，所傳者遠，所積者厚，其實大聲宏，非苟也。君
諱棟，字定宇，松崖其自號也。先世扶風人，後從建炎南渡居湖州。明嘉靖中
又遷於吳。曾祖有聲始以經學教授，與同里徐枋以節義相尚。祖周惕、父士
奇，仍世入詞館，有大名，世所謂老少紅豆先生者也。君世家學，弱冠補弟子
員，即遍通諸經，於漢唐說經諸家熟洽貫弗，而易學尤邃。所著《周易述》一
書專宗漢說，歷三十年，四五易稿猶未卒業，其專心孤詣類如此。少紅豆前
以修城毀家，君遷居城南，閉門讀易，聲徹戶外。其世交多躋膴仕，義不一通
書問，惟以授徒自給而已。兩淮盧運使館之官舍，居三年後以疾辭歸。丁丑
除夕，病中以書抵余，拳拳論學術人才之升降。其識趣高邁，又雅不欲僅以
經師自命也。夏侯勝有云：「經術明，取青紫如拾芥。」今觀於君，其於經術
明耶否耶？乃所遇若是。使易其窮經之力，習場屋臭腐數千言，固宜早取上
第去。乃舍彼取此，為舉世不為之學。晚歲一應公車徵，且以為幾得售矣，又
未及抵都而報罷。終身學漢人之學，曾不得一遭漢儒之遇而處之固然，耿耿

自信，不為窮達所移，斯可謂篤信善道之君子已。然君晚歲遇雖益塞，名益高，四方士大夫過吳門者，咸以不識君為恥。人亦以小紅豆稱之，其所以紹門風者，蓋不以爵而以德也。君為人，通不隨波，介不絕俗，為學廣博無涯涘，於經史多所論著，有《九經古義》二十卷、《周易本義辨證》五卷、《易漢學》七卷、《古文尚書考》二卷、《左傳補注》四卷、《明堂大道錄》八卷、《禘說》二卷、《後漢書補注》十五卷、《續漢制攷》一卷。其他如王尚書《精華錄訓纂》、汪鈍翁《說鈴注》乃少時所著也。君以乾隆二十三年五月十二日卒，年六十二。娶張氏，有婦行。子五人：承學、承德先卒；承跗後君半歲卒；承緒、承萼。孫一：廷鳳。君卒之明年三月某日，其孤將葬君於某所，以余知君深，涕泣來請銘，義不敢辭，銘曰：羣經賴漢僅得存，陋儒訓詁增紛紜。經義經術殊途分，太清點綴翳浮雲。拾瀋剽竊夫已村，談易理障尤蒙昏。輔嗣以降一律論，惟小紅豆漢學尊。九師廢易噭河汾，卓爾大雅信不羣。貫通象數追三墳，燗然不為俗學醺。獨尋墜緒韋編溫，荊榛鹵莽勤芟耘。下帷著述輕元纁，江公狗曲徒狺狺。遺書傳後名彌芬，有求芳躅視斯文。

　　◎王昶《春融堂集》卷三十一《與陸耳山侍講書》：比者徵書遍天下，遺文墜簡出於荒塚破壁者必多，未審亡友惠君定宇之《周易述》及《易漢學》當路者曾錄其副以上太史否？《周易述》德州所刊，聞其家籍沒後，版已摧為薪。此書本發明李資州《集解》，而《易漢學》為之綱，微易學則《易述》所言不可得而明。此二書某寓中皆有之。《易學》蓋徵君手寫本，鳳喈光祿、摺升員外皆覆加考正，尤可寶貴。如四庫館未有此書，囑令甥瑞應檢出進於總裁，呈於乙覽，梓之於館閣，庶以慰亡友白首窮經之至意。餘尚有《古文尚書考證》等書，曉徵學士殆有其本，如得併入秘書，尤大幸也。

　　◎王昶《春融堂集》卷四十三《惠氏周易述跋》：易綜天人，廣大無不包。儒者據其一德，往往演之而合。然自七十子歿，山東大師各得所傳以教，故漢易多孔氏之遺。京氏房、鄭氏康成、虞氏翻、荀氏爽，其尤著者。獨亡佚已久，其畧僅存于李氏《易解》，而采撷不備，彼此互見。且所撰索隱又亡，讀者罕能通其術。我友惠定宇先生，研覃羣經義疏以逮魏晉六朝之書，有涉于易者，旁通而曲證之，作為《易述》，而京、鄭諸家之法復明。殺青漸久，朽蟲剝缺滋甚，周子錫瓚鳩工修補，于是是書復完可誦。定宇又有《易漢學》，蓋《易述》之綱領。不讀《漢學》，不知《易述》所以作。周子將梓以冠于書首，學者由是而服習焉，微言大義，左右逢源，不復有斷港絕潢之歎已。

　　◎黃式三《易釋》卷四《書惠氏周易述後》：唐李氏鼎祚作《周易集解》，序云刊輔嗣之野文、補康成之逸象。讀其書，鄭君注甚略，獨詳虞仲翔之說耳。近儒李氏安溪譔《周易觀彖》《通論》，以宋學為宗，鄭、虞皆其所棄也。惠半農《讀易說》宗仰漢學，始劈安溪之藩籬，而虞說之支離者亦復斷斷辨之，可謂實事求是、不阿所好者矣。厥後惠定宇撰《周易述》，婍以虞氏為宗，有虞注所未備者，則采取李解中之別說以足之。由是虞氏學大行于世。而園張氏皋文、焦氏里堂亦相繼宗虞，適得有力者崇獎，其書、人遂視若拱璧，莫敢指其瑕者。王氏伯申《經義述聞》初刻再刻，略言《周易述》之謬，及晚年足本乃暢言虞氏月體、納甲本丹家傅會之說，非易之本義。其說爻之象，舍本卦而求于旁通，剛爻而從柔義，消卦而以息解，適滋天下之惑。以旁通說象及大象，顯與經違。今世言易者多宗虞氏而不察其違失，非求是之道。王氏父子世尊漢學，其說易則力闢漢儒荀氏升降、鄭君爻辰諸說，矯枉過正蓋有之，而廓清虞氏之學非如撥雲霧而見日乎？然崇獎惠氏《周易述》諸書者，其力足以聳動天下之耳目，越久不衰。而惠氏半農未注全易，坊間所行之王氏《述聞》亦非足本。而易道之霾晦于今日為可憫也。昔王西莊問戴東原曰：「子之學，于定宇何如？」東原曰：「不同定宇求古，吾求是。」西莊用東原之言而轉之曰：「求古即所以求是，舍古无是。」式三亦用西莊之言而轉之曰：求是必于古，而古未必皆是。

　　◎何焞彥《易經遵孔八晢類稿》卷十二《集晢》：惠氏棟《周易述》發揮漢儒之學者，以荀、虞為主，而參以鄭元、宋咸、干寶諸家之學，自為註而自疏之。中闕下經，又闕《序卦／雜卦傳》，蓋未完之本也。末又為《易微言》，雜鈔經典論易之語，叢冗無緒，亦未及排纂之藁本也。

　　◎曾釗《面城樓集鈔》卷二《周易述》跋：右《周易述》二十卷，大旨以陰陽消息升降歸於乾元用九而天下治，其道則通諸明堂，可謂貫徹三才深明易義者矣。劉向《別錄》俑賈董有王佐才，余於惠氏亦云。或以其宗禰仲翔，於所未通以它說合之，所謂真賞殆絕知音者希也。昔鄭氏箋《詩》間用魯、韓注《周官》兼俑鄭、杜注《儀禮》兼載古今文，後人未嘗以非專家少之。蓋《詩》《禮》之學至鄭君乃集諸儒大成也，知此義然後可與讀惠氏易。刀光己亥春謹識。

　　◎四庫提要：其書主發揮漢儒之學，以荀爽、虞翻為主而參以鄭元、宋咸、干寶諸家之說，融會其義，自為注而自疏之。其目錄凡四十卷。自一卷至

二十一卷皆訓釋經文；二十二卷、二十三卷為《易微言》，皆雜鈔經典論易之
語；二十四卷至四十卷凡載《易大義》、《易例》、《易法》、《易正訛》、《明堂大
道錄》、《禘說》六名，皆有錄無書。其注疏尚闕下經十四卷及《序卦》、《雜
卦》兩傳，蓋未完之書。其《易微言》二卷，亦皆雜錄舊說以備參考。他時藏
事，則此為當棄之糟粕，非欲別勒一編，附諸注疏之末，故其文皆未詮次。棟
歿之後，其門人過尊師說，並未定殘槀而刻之，實非棟本意也。自王弼易行，
漢學遂絕，宋元儒者類以意見揣測，去古浸遠。中間言象數者又岐為圖書之
說，其書愈衍愈繁，而未必皆四聖之本旨。故說經之家莫多於《易》與《春
秋》，而《易》尤叢雜。棟能一一原本漢儒推闡考證，雖掇拾散佚未能備睹專
門授受之全，要其引據古義具有根柢，視空談說經者則相去遠矣。

惠棟　周易爻辰圖　一卷　存

山東、山西藏乾隆二十一年（1756）德州盧見曾刻雅雨堂藏書本

山東藏臺北成文出版社 1976 年無求備齋易經集成影印乾隆二十一年
（1756）盧氏雅雨堂刻本

◎馮桂芬《顯志堂稿》卷二《思適齋文集序》：國朝右文稽古，鴻儒碩學
輩出相望，遂駕宋元明而上。而有開必先，實惟吾郡人為多。顧氏亭林通博
掩貫，一代衷儒宗，則郡之崑山人；嗣是以後，惠氏四世傳經，為講漢學者之
首；江氏民庭專治六書，箸《尚書疏證》，為講小學者之首；近則李氏尚之演
天元一正負開方諸說，得數百年失傳之秘，為講數學四元者之首。之數人者
雖學有精麤、說有詳略，後賢因端竟委，密益加密，容能以後掩前，而創始之
功必歸焉。元加顧澗薲先生潛心經學，博覽羣書，自先秦以來九流百家之書
無所不讀，時朝廷開四庫館徵海內遺書，以是古籍之出尤多，先生名既重海
內，藏書家得異本必就先生相質。先生記識精力絕人，所見益廣，輒為之博
綜羣本異同，折衷一是，尤不肯輕改，務存其真，遂以善校讎名。書經先生付
刊者，藝林輒寶之，先後積三十餘種，校成未及刊者尚半，其多且勤如此。則
又百餘年間未有之學而創之先生，又於惠先生諸人後別開戶牖者也。先生讀
書之日多箸書之日少，治經有家法，而無所論著，惟得力既深，且又微言大
義往往見於所為文。而文集未刊，學者憾之。文孫河之茂才輯錄得二十卷，
將授梓人，問序於余。余之讕劣何足以窺先生之深，而自幼讀先生且讀先生
所校書，瓣香鄉喆，意何能已！且嘉茂才之能承家學也，不辭而為之序。

惠士奇 易說 六卷 存

南京藏乾隆十四年（1749）璜川書局刻本

四庫本

國圖、上海、南京、浙江、天津、湖北藏嘉慶十五年（1810）吳氏真意堂刻璜川吳氏經學叢書本

山東藏道光九年（1829）廣東學海堂刻皇清經解本

山東藏道光十年（1830）寶仁堂

山東藏 1970 年臺北成文出版社無求備齋易經集成影印咸豐十年（1860）補刻印皇清經解本

山東藏 1983 年臺北商務印書館景印文淵閣四庫全書影印國立故宮博物館藏本

山東藏臺灣新文豐出版公司 1983 年大易類聚初集影印道光九年（1829）刻皇清經解本

◎重刻惠半農先生易說序：經義莫著于易，非先儒獨深于易也，義已發揮于十翼也。學易者從十翼以索之于象、于數、于理，見知見仁，鮮有不當，亦往往各有其所不可廢以傳于世。顧宋元來讀易者不知先儒易說不可廢者十之八九，而多專主程朱，更不復研慮于兩漢魏晉，豈非以讀程朱之易則易，而讀《易緯》《易林》《京氏易傳》《孔氏正義》之所載、李氏《集解》之所集則難與？豈非以宋儒之易不必以書卷學之，漢魏之易必先腹有書卷而後可以學之與？予讀惠半農先生《易說》而稍聞漢儒之所為易。予固柺腹無書卷者也，讀半農先生《易說》，而即稍聞漢易者，則以半農《易說》盡以書卷說漢易者也。然則讀半農《易說》而可以得讀漢易之方矣，矧復有從來先儒无善解，而半農讀書之博，旁推交通而獨得其新義者，然則讀半農《易說》有不止于讀漢易而已者矣。惜其書為未成之書，故止有六卷。乾隆己巳版鐫于予家，而今版皆壞散，故予為使人繕寫重雕以廣其傳。如有讀其書而欲續成之者，則有如宋都聖與？《易變體義》有云：「履霜堅冰至，此坤之復也。月令孟冬水始冰，仲冬冰益壯，故爻曰履霜，以坤為十月之卦。堅冰至者，變體為復，乃十一月卦也。」明歸熙甫《易經淵旨》有云：「九家易坤為帛，則坤為布是泉貨。」國朝徐位山《經言拾遺》有云：「言天下之至賾而不可惡也，荀作亞，《語林》有遺劉原父玉印，文曰周惡父印。劉原父曰：周條侯印也，《史記》亞谷侯，《漢書》作惡谷，古亞惡通。」此類以書卷說漢易而可取者也。又有

如明朱灌甫《五經稽疑》有云:「師出以律,在初故曰出。周禮太師執同律以聽軍聲,吹律和則知士卒同心,否臧不和也。」《易經淵旨》有云:「為黔喙之屬,黔與鈐通,蟋蟀、螳螂、蠮螉之類,口有鈐。《爾雅》螳螂有斧虫。」國朝顧亭林《日知錄》有云:「己日有孚,己日乃革之,古有以己為變改之義者。《儀禮》少牢饋食禮『日用丁己』注:必丁己者,取其令名自丁寧自變改,皆為敬謹。」此類于漢易之外以書卷出心裁而可取者也,然皆甚少。若夫矜奇炫博,按之實膠漆傅會者,累數十紙而不勝錄,其亦無取焉。又先生之子定宇先生,箸《周易述》二十一卷,雖闕兩卷,然多可取。以續《易說》之說者,儻有薈粹舊聞,加以新知,以足是書,是亦嗜古者所跂足而瞻望者。夫重雕是書時,予適得活字版,用以印予自箸《經句說》,開橐臨印,悉多繆譌,重自檢點,抄出副本。故于是書不暇讎校,使志忠校之。嘉慶庚午歲穀雨後三日,後學吳英書。

　　◎江沅序:吾吳紅豆惠氏世傳漢經師之學,而於說易尤精。自樸莽先生以至松厓徵君,閱四傳矣。然後得成《周易述》一書,闡漢以來卦氣納甲爻辰之說而闢魏晉以後道家太極先天之謬,洵乎孔氏之微言、七十子之大義也。先祖民庭徵君,嘗受業於松厓徵君之門,得津逮其數世之學。既成《尚書注疏》,復事《周易》,因出松厓徵君所箸《易漢學》《明堂大道錄》《禘說》三種授弇山尚書刊布之。而半農先生所箸諸《經說》先已刻行,惟《易說》流通絕少,其書蓋成兩代之學而傳諸松厓徵君者,讀之得以窮《周易述》一書之原,亦先河之勢也。雖精邃有未及,閒存意說,而闢千百年之蔀蔽,續漢人以來一線之傳,闡明兩世之家學,以俟集成於松厓徵君,其猶江漢之必朝宗於渤澥、泰華之先鎮峙於昆侖矣。松厓徵君與璜川吳氏企晉交好,故半農先生《易說》《春秋說》皆吳氏所刊。今企晉從弟簡舟令嗣有堂,雅好經術,服膺惠氏,重鐫《易說》,分布藝林,猥示不佞,命作序言。沅少失學,先祖歿後始知讀書,趨庭之訓未遑,淵原之衍莫接,遺編具在,鑽仰靡從,其何以為此書序哉!惟稍述曩昔所及聞者,並其授受之略,以寓私淑之忱,而還質諸吳君喬梓云爾。嘉慶十有五年長至日,後學江沅謹撰。

　　◎何焯彥《易經遵孔八晳類稿》卷十二《集晳》:惠氏士奇《易說》雜釋卦爻,專明漢學,大抵以象為主,而訓詁尤所加意。惟欲矯王弼等空言之弊,採掇未免駁雜,然其考據者尚不可廢也。

　　◎四庫提要(題《惠氏易說》):是書雜釋卦爻,專宗漢學,以象為主。然

有意矯王弼以來空言說經之弊，故徵引極博，而不免稍失之雜。如釋訟卦引荀爽說「訟之言，凶也」，則以丹朱之「嚚訟」為「嚚凶」；釋「弟子輿尸」引《左傳》「饒子尸之」，以「尸」為軍中元帥；釋「觀國之光」引《聘禮》「請觀」及《左傳》季劄觀樂、韓宣子觀書以證「觀國」，皆失之拘；釋「繫於苞桑」以「桑」字為喪亡之「喪」，而無所考據；釋「先張之弧，後說之弧」以下「弧」字改為「壺」，引《昏禮》「壺尊」、《太元》「壺婦」為證，皆愛博嗜奇不能自割。至編端論乾象傳「大明終始，」引《莊子‧在宥篇》「我為女遂於大明之上矣，至彼至陽之原也；為女入於窈冥之門矣，至彼至陰之原也」，謂「莊周精於易，故善道陰陽，先儒說易者皆不及」，尤未免失之不經。然士奇博極群書學有根柢，其精研之處實不可磨，非曖曖姝姝守一先生之言者所可彷彿。一二微瑕固不足累其大體也。

◎惠士奇（1671～1741），字天牧，一字仲孺，晚號半農，人稱紅豆先生。江蘇吳縣人。康熙四十八年進士，官編修、侍讀學士。康熙五十九年充湖廣鄉試正考官，又提督廣東學政，宣導讀經。雍正間，以召對不稱旨，罰修鎮江城，以產盡停工削籍。乾隆元年（1736）再起為侍讀，纂修《三禮》。長於詩賦。著有《易說》六卷、《禮說》十四卷、《春秋說》十五卷、《大學說》一卷、《交食舉隅》三卷、《琴笛理數考》四卷、《紅豆齋詩文集》。

惠周惕　易傳　佚

◎江藩《國朝漢學師承記》卷二：著有《易傳》《春秋問》《三禮問》《詩說》及《研溪詩文集》。

◎惠周惕（1641～1694），字元龍，原名恕。江蘇吳縣人。少從父惠有聲治經學，又受業徐枋、汪琬。康熙十八年舉博學鴻儒科，丁憂不與試。三十年成進士，選翰林院庶吉士。因不習國書，散館改密雲縣知縣。適大軍北討噶爾丹，軍需緊迫，書生艱於應付，憂急而卒於官。或謂惠氏三世傳經，周惕其創始者也。又著有《春秋問》、《三禮問》及《硯溪詩文集》。

J

紀大奎 觀易外篇 六卷 存

國圖藏乾隆五十四年（1789）刻本

湖南、江西、四川藏嘉慶三年（1798）江西紀氏四川什邡刻紀慎齋先生全集〔註1〕‧雙桂堂易說二種本

山東藏同治九年（1870）什邡刻本

北大藏嘉慶咸豐十三年（1808）刻紀慎齋先生全集十一種續七種本

◎序：周天三百六十餘度，摩盪於地之外，孰推而行是，孰主宰而綱維是？或曰南北極之所運旋。此可以言天象，而其與地之所以相摩相盪而無間、而萬物生生于其氣之闔闢者，必有其所以變所以通。是故極于南謂之南極，極于北謂之北極，極于中即謂之中極。中極，太極也。太極動生陽靜生陰，兩儀立，天地位而易行其中。天以動涵靜，地以靜涵動，故乾為天坤為地，人仰于天求乾，俯于地求坤。分而求之，而乾坤之理不可得而見。先儒有言：「乾一而實，坤二而虛」，實也者，貫乎虛也；虛也者，包乎實也。天至實，故能虛；地至虛，故能實。故于地之中觀天而後天地之理通、摩盪之機得，善言乾者必不外于坤也，故曰：夫乾，其靜也專，其動也直；夫坤，其靜也翕，其動也闢。地之中，天之極也；坤之中，乾之理也，實其一于坤之中，故曰專。出中而達之曰直。乾之專，坤翕之矣；乾之直，坤闢之矣。《易》曰河以通乾出天苞，不通則不出；通其中而出之，則坤德流而地符衍。故六七八九之數行

〔註1〕一名《雙桂堂全集》。

而天五地十之用著。天地此太極也，萬物此太極也，至哉易乎！天之所以生人，人之所以立命，其在斯乎！其在斯乎！余同年紀慎齋《觀易》一編，窮天地之摩盪而探之于其極，得其極而通之，日月之所以運行、寒暑之所以進退、人物之所以生死、先天後天之所以往來逆順、窮變通久之所以化而神，皆有以抉乾坤之緼。夫子曰：「我欲觀夏道，吾得夏時焉。我欲觀殷道，吾得坤乾焉。」坤乾之義、夏時之等，慎齋之說河圖、說後天，夏時之義也；說洛書、說先天，坤乾之義也。洛書變化乎河圖之中，先天君藏乎後天之際，故坤乾之義、夏時之等也。慎齋以河洛五在十中之理通之，咸恆在坤中之理以縱橫貫串于六十四卦三百八十四爻之中，故其子半懸象之說、上下序得朋喪朋之說、泰否反復損益盈虛之說、震艮子中巽兌午中乾坤坎離往來動靜既濟未濟混合先天之說、圖書序雜參伍錯綜一而萬萬而一之說、九卦七卦十一卦十三卦河洛變化往來屈信制器尚象之說，愈奇而愈法。無他，得其極而通之爾。先儒之言《中庸》曰「放之則彌六合，卷之則退藏于密」，此物此志也。慎齋與余交十餘年，余見其遭遇得喪之際，悉澹然无所介于中，或曰是其有見于大者耶？今考其所以觀易者，可信也。乾隆五十四年己酉仲春月，上猶朱名洋序。

◎自序〔註2〕：傳曰：君子居則觀其象而玩其辭，動則觀其變而玩其占。辭、占，道之顯者也；象與變，道之費而隱者也。聖人立象以盡意，象立則變生而辭占於是出，故觀象要焉。竊常學觀之矣，天下之至賾不可極也，天下之至動不可窮也，一日有感於摩盪之機，而靜而觀於大地之象，動而觀於陰陽之變，返而觀於吾之象與吾之象之所以變，而以觀於易之象之變，蓋悚然於三極之道之同歸而殊途、百盧而一致也、然則觀其象，觀吾之居焉斯可矣；觀其變，觀吾之動焉斯可矣。因就所見而謹識之，非敢以說經也。姑略附於雜象之一端，譬諸寸壤之求附泰山、涓流之欲歸河海，亦其趣向之切也云爾。乾隆五十二年丁未仲春月，臨川紀大奎自識。

◎重訂觀易外編目錄：

卷一：天地摩盪說（摩盪圖）、洛書在河圖之中說（河圖中宮藏洛書圖）、先天後天表裏河洛說（後天順合河圖圖、先天渾合洛書圖、先後天表裏河洛逆順相生圖）、河洛逆順相生說、易逆數說、錫洛說（附後天卦名）、聖人則圖書說。

卷二：復卦說（後天七日來復圖）、後天帝出乎震說（後天乾坤會合出震

〔註2〕又見於紀大奎《雙桂堂稿》卷三，題《觀易外篇序》。末低一格錄識目。

圖）、坤卦西南得朋東北喪朋說上（先天左旋四時錯行之象圖、先天右轉日月代明之象圖）、坤卦西南得朋東北喪朋說中（革豫二卦四時成四時不忒圖、革豫二卦地平卯酉四時日月升降門戶圖）、坤卦西南得朋東北喪朋說下、先天子半之象說上（月體本無盈虧圖、子半懸象圖）、先天子半之象說下。

卷三上：上序乾坤至泰否十二卦象說（上序乾坤至泰否先天之用圖）、上序三十卦象說（上序第一段先天乾坤往來泰否盈虛遞轉圖、第一段先天包孕之象圖附、第一段後天河圖之用圖附、第二段先天得喪反復歸于震艮之間圖、第三段震艮之間日月合璧先天翕聚圖、第四段大過三卦坎離括先天之用圖、上序之終坎離交互統貫先天歸于乾坤圖、上序五段總圖）、咸恆說一（咸恆坤包乾圖）、咸恆說二、咸恆說三、遯壯以下六卦咸恆之變說。

卷三下：下序咸恆至損益十二卦象說（下序咸恆至損益先天之用圖、咸恆損益四卦乾坤相交統攝六子之用圖、咸恆損益四卦先天後天合一圖、坎離二象大德敦化小德川流圖）、下序三十四卦象說（下序第一段咸恆損益四卦盈虛圖、遯壯至蹇解八卦消息圖、第二段乾統四正合體天中圖、夬姤乾交巽兌圖、革升坤交巽兌圖、困井坎交巽兌圖、革鼎離交巽兌圖、第三段四隅之間坎離進退乾坤互藏圖、漸歸妹先天往來之機圖、第四段中孚小過統咸恆損益之體合漸歸妹之用綜括先天巽兌震艮歸坎離坎離歸乾坤圖、下序之終乾坤渾合先天一氣圖、下序五段總圖）、序卦雜說一（序卦總圖）、序卦雜說二、序卦雜說三（上序先天坎離正位東西乾坤為經四隅寄泰否遞轉損益圖、下序後天坎離升降南北咸恆為緯四隅寄損益遞轉泰否圖）、序卦雜說四。

卷四：參伍錯綜說（參三陽數圖、伍五天數圖、參中涵五伍中涵參圖、參伍倚數圖、參伍倚數之變圖、參三洛書之位圖、伍五洛書之位圖、河圖中宮天地之數參以五圖、河圖中宮天地之數伍以三圖、天五之數參以變圖、天五之數伍以變圖、地十之數參以變圖、地十之數伍以變圖、洛書之數參以變圖、洛書之數伍以變圖、洛書四正錯綜圖、洛書四隅錯綜圖、河圖錯綜總圖、河圖方圓參伍圖、河圖方圓錯綜圖、洛書九九通變圖、洛書九九極數圖、六十四卦錯綜圖一、六十四卦錯綜圖二〔註3〕、六十四卦錯綜圖三、六十四卦錯綜圖五、六十四卦錯綜圖六）、雜卦大過八互綜括先後天錯綜之機說（雜卦體原先天圖、雜卦用著後天圖、大過互先天之體圖、大過互後天之用圖、否泰互先天圖附、歸妹四下象斂合圖、既未濟太極陰陽動靜圖）。

卷五：九卦反身修德之象說一（九卦先天洛書之用圖）、九卦反身修德之象

〔註 3〕附錯綜圖總說、序卦圖注、雜卦圖注。

說二、巽蠱甲庚說一（先甲三日後甲三日圖、先庚三日後庚三日圖）、巽蠱甲庚說二、十三卦制器尚象說一、十三卦制器尚象說二（六十四卦周天圖）、十一卦往來屈信之象說、七卦擬議變化之象說一（七卦變化縱圖、七卦變化圓圖）、七卦擬議變化之象說二、七卦謙土居中說、十三卦十一卦配河圖洛書說（十三卦洛書天五之象圖、十一卦河圖地十之象圖）。

　　卷六：互卦天地摩盪之理說、乾坤坎離天根月窟來往說（坎離天根月窟圖、三十六陰陽來往圖）、周子太極圖乾坤坎離來往說、幽明死生鬼神說、晝夜之道說一、晝夜之道說二、朱子本義說、朱子卦變說、易為卜筮之書說、絜靜精微說。

　　曩者觀易之餘，偶誌所見，非著說也。仲弟曾庾愛而玩之，取以付梓，時方習史事，未暇訂正。越敷載，三弟雨民編次《易問》，校訂之後，并取是編重加刪改，正其次序，列為目錄如右。凡六卷，更名曰《外編》，不敢溷於說經之正義云爾。大奎。

　　◎紀大奎《雙桂堂稿》卷六《答汪雨巖書三》（丁未十月）：一部《易經》只是要成一箇乾。夫子贊之曰易知、曰確然示人易、曰德行恒易以知險，這一箇易便是乾卦元亨利貞。貫徹動靜，誠之通、誠之復靜存中的一箇大根本。

　　◎紀大奎《雙桂堂稿》卷二《卦氣論中》：曰：「然則無卦氣乎？」曰：有之。文王《序卦》是也。天地之序莫大於四時，《傳》曰「與四時合其序」，文王既序卦矣，不足以合四時天地之序，而必有待於漢儒緯書之顛倒而出入之，斯其為誣抑已甚矣。《序卦》之六十四象、三十六體、一十六事，所以紀天地陰陽四時日月分合錯綜之妙者，固嘗反覆推之於《觀易》《易問》二編。

　　◎杭辛齋《學易筆談》：若焦氏循理堂之《通釋》、紀氏大奎慎齋之《易問》《觀易外編》，一則宗漢學而能合六十四卦之爻象，無一辭一字不相貫通。一則講宋學而能闡發性理，與六十四卦之爻象變通化合，尤為歷來講易家之所未有。

　　◎紀大奎（1746～1825），字向辰，號慎齋，又號龍溪拙叟。江西臨川龍溪人。乾隆三十九年（1774）選拔入都，四十二年（1777）選拔貢，四十四年（1779）登順天鄉試舉人，任《四庫全書》館謄錄。後改丘縣、昌樂、棲霞、福山、博平、什邡等縣知縣，旋升重慶府合州知州。道光二年（1822）告病歸里。著有《觀易外篇》六卷、《易問》六卷、《考訂河洛理數便覽》、《雙桂堂古

文》二卷、《雙桂堂時文》二卷、《古律經傳附考》五卷、《地理末學》六卷、《老子約說》四卷、《筆算便覽》五卷、《六壬聚類》四卷、《地理水法要訣》五卷、《雙桂堂稿》六卷《續稿》十二卷、《紀公行狀》一卷、《敬義堂家譜》二卷、《仕學備餘》六卷、《金剛經偶說》、《周易參同契集韻》、《悟真篇》、《紀慎齋先生叢稿》二卷、《慎齋外集》二卷、《敬義堂家訓述錄》一卷《書紳錄》一卷《枕上錄》一卷、《讀書錄抄》一卷、《四書文》、《課子遺篇》、《紀公祈雨文》等。又編有《什邡縣志》五十四卷、《臨川縣志》三十二卷。

紀大奎 考訂河洛理數便覽 不分卷 存

中科院藏清鈔本

江西、北大藏嘉慶咸豐十三年（1808）刻紀慎齋先生全集十一種續七種本

◎卷首題：臨川紀大奎向宸著，孫紀壁東校字，滁州馬永熾仙樵捐廉梓行。

◎目錄：天干先天納甲隨後天位配洛書數圖、地支五氣順布配河圖數圖、十二時分陰陽爻立元堂式圖、元堂變易式圖、八卦五行、元堂爻位、元堂變體、十二月辟卦陰陽消息圖、陽至弱數、陰至弱數、陽不足數、陰不足數、陽有餘數、陰有餘數、陽太過數、陰太過數、陰陽正數、陰陽得中數、陰陽俱贏數、陰陽相戰數、孤陽數、孤陰數、陽偏數、陰偏數、陽陵陰數、陰犯陽數、二十四氣化工圖、天元氣納甲圖、地元氣分年圖、地元氣分爻圖式、化工元氣統論、六十甲子納音圖、八卦上下體六十納甲圖、大象行年例圖、陽爻陽年起小象遊變例圖、陽爻陰年起小象遊變例圖、陰爻小象遊變例圖、月卦遊變例圖、日卦變例圖、行年論、古格二十二造。

◎摘錄卷首：太極所謂理，太極生陰陽、生四象、生五行者，氣也。一生二二生三，至于萬萬不可極者，數也。故數中有氣，氣中有數，天地以數中之氣有生有殺，萬物以氣中之數有吉有凶，是故知氣中之數可以盡人，知數中之氣可以事天，得其理也。河洛理數者，世傳出于圖南。司馬溫公謂圖南此數，存心養性之書，大有益于吾輩。存心養性者，所以事天也，故得其理而後知其數。余觀此書，流傳多不得其要，因感溫公之言而訂正之。

紀大奎 雙桂堂易說二種 十二卷 存

湖南、江西、北大藏嘉慶十三年（1808）刻紀慎齋先生全集十一種續七

種本

◎子目：觀易外編六卷。易問六卷。

◎陳用光《太乙舟文集》卷七《鄧東嵐太守壽序》：余雖識紀君，且見其天文律算及治經之書甚眾，然未之卒業，又未與上下其議論。

紀大奎 易問 六卷 存

湖南、江西、四川、山東藏嘉慶三年（1798）江西紀氏四川什邡刻雙桂堂易說二種本

北大藏嘉慶咸豐十三年（1808）刻紀慎齋先生全集十一種續七種本

老古文化事業公司 1994 年影印嘉慶三年（1798）江西紀氏四川什邡刻雙桂堂易說二種本

◎序：《易問》者，伯兄慎齋因福山劉君鳳友問易而作也。劉君執《觀易外編》問難于伯兄，反復十餘口，貫串詳備，既皆得其意以去，伯兄因類及其所未問者，以示大畢。大畢悉次而錄之，凡六卷。易象之變，益可以觀矣。乾隆壬子仲夏月，弟大畢謹識。

◎紀大奎《雙桂堂稿》卷四《易問跋》：余《觀易》、《易問》二編頗詳包體之說，蓋因文王序卦、雜卦以包體為用，確有其象也。初疑前代諸書未之見，後見謝山全氏祖望《經史問答》，謂宋林黃中已別有包體之說，亦以互體分去取以為牟戾。又云：「林氏之書傳於今者祗《集解》不載包體之說，惟楊止庵常述之，其說謂一卦具兩互，取一互留一互，取之者以致用，留之者以植體，一卦取上互則一卦取下互，如乾包坤則為損益，坤包乾則為咸恆；一卦包三十二卦，八卦包二百五十六卦，是故易經傳取象全無與者。朱子於其互卦之說嘗辨之，而包體之說不及焉，蓋以為不足詰而置之也。」愚按包體於象象之辭原無與，即間有附及者，亦本非正義，而《序卦》《雜卦》等象則不能不取於此。余貧不能購書，林氏及楊氏書均不可得見，不知與余二編之象異同若何，然如楊氏所述致用植體之說，頗近有意，若必以一卦包三十二卦、八卦包二百五十六卦，似未免拘滯於此，反失其原。蓋《序卦》《雜卦》諸象錯綜往來，偶取於此以見六十四卦變化活潑之無所不宜，而非立卦之本體必應有此也，以此為六十四卦植體致用，則非矣。此宜朱子所不之及也。姑記之以俟見者考焉。嘉慶辛酉六月，大奎記。

◎光緒《江西通志》卷九十九《藝文略》一《國朝》：《觀易外編》六卷、

《易問》六卷，紀大奎撰（《臨川縣志》）。

紀大奎 俞氏參同契發揮五言註摘錄 一卷 存

江西、北大藏嘉慶咸豐十三年（1808）刻紀慎齋先生全集十一種續七種本

◎卷首題：臨川紀大奎向辰輯訂著，胞姪紀應鈇校字，定州楊照籬素園校刊。

◎一名《俞氏參同契發揮摘錄》。

紀大奎 周易參同契集韻 六卷 存

江西、北大藏嘉慶咸豐十三年（1808）刻紀慎齋先生全集十一種續七種本

清末刻本

◎目錄：

前卷：周易參同契三篇總敘。上篇：四象章第一、御政章第二、順時章第三、先天坎離章第四、後天復姤章第五。中篇：虛無章第一、姓名章第二、男女章第三、孤陰章第四。下篇：伏食綱領章第一、金木交併章第二、龍虎呼吸章第三、三五為一章第四、藥物比喻章第五、末章。

後卷：周易三相類三篇總敘。上篇：三聖作易章第一、六十四卦體用章第二、先天八卦進退章第三、河圖四象章第四。中篇：拘一章第一、守中章第二、內養旁門章三。下篇：兩弦合精章第一、變化還丹章第二、刀圭入口章第三、終始相因章第四、交感自然章第五、火記源流章第六、外藥旁門章第七、鼎器歌註。

應鈇謹按：伯考《周易參同契集韻》六卷，每章首集本文，次附按語，又次引朱氏舊註，《悟真》三篇附錄《集韻》之後。每篇首列原詩，次引朱註，《悟真篇》後又摘錄俞氏《參同契發揮五言註》，皆當日所手訂，故合為一編。此外尚有批辭數百餘條，俱未定草稿。然其中抉摘疑義、辨論詳密，足以為此書指迷。因悉次其辭，附于各章朱註之下，復首加按字以別之，讀者或亦參觀而有得也。

◎序〔註4〕：易以道陰陽，陰陽生於太極，循環於卦象，故氣以順理者也，理以宰氣者也。有天地之易，有人身之易。羲、文、周、孔之易以冠諸經，天地之易也，三才之道無所不包，萬物之理無所不具。伯陽之易以附諸緯，人

〔註4〕又見於紀大奎《雙桂堂稿》卷三。

身之易也。人身一小天地，以吾之心合天地之心，以吾之氣合天地之氣，而道見焉。故理者氣之原也，氣者理之充也。後世陰陽之說溺於氣而離其理，附於易而實悖於易。伯陽之易得易之理者也，故朱子取之。顧其書易置顛倒，不復可訂，學者各以其意會之，期合於易理而已矣。余讀易之餘，間復流覽是書，於伯陽作書之精義及朱子考異之深心，未能遽有所得，輒喜其詞韻古奧，姑略為次敘，更立篇章，疏其大意以資吟諷，分為《參同契》三篇、《三相類》三篇，三以顯參，類以表契，統而名之曰《周易參同契集韻》。以是書為余之集古焉，可也。嘉慶丁巳一陽月，慎齋紀大奎。

紀克揚 麗奇軒易經講義 無卷數 佚

◎四庫提要：是編用注疏本，不錄經文，但每卦約詁數條，皆略象數而談義理，詳其文義。蓋標識於經傳之上，而其後人錄之成帙者也。

◎紀克揚，字武維，號六息。河北廊坊文安人。諸生。崇禎戊寅，城陷，急歸坐書齋中，兵入，不屈而死。又著有《麗奇軒四書講義》無卷數、《麗奇軒文集》四卷。

紀磊 讀易隨筆 四卷 續纂一卷 未見

◎同治《湖州府志》卷六十一《藝文略》六：《周易消息》十五卷、《九家逸象辨證》一卷、《虞氏逸象考正》二卷、《傳義經文訂譌》一卷、《朱子卦變考正》一卷、《本義辨證補訂》四卷、《漢儒傳易源流》一卷、《讀易隨筆》四卷續纂一卷、《虞氏易說補註》一卷附錄一卷、《古易音訓質正》五卷、《風雨樓詩集》八卷、《曉寒樓雜憶》一卷、《風雨樓文集》二卷、《紀氏詩錄》六卷、《周易集說》三冊、《震澤鎮志》十六卷。

◎紀磊，字位三，號石齋。浙江烏程（今湖州）人。諸生。後以青鳥術自給。又著有《風雨樓吟稿》、《紀氏詩錄》、《冬心廬詩集》四卷、《冬心廬詩文鈔》等書。

紀磊 古易音訓質正 五卷 未見

◎同治《湖州府志》卷六十一《藝文略》六著錄。

紀磊 漢儒傳易源流 一卷 存

吳興劉氏嘉業堂 1923 年刻吳興叢書本

上海書店叢書集成續編本

山東藏臺北成文出版社 1976 年無求備齋易經集成影印 1923 年刻吳興叢書本

◎卷首：《漢儒傳易源流》一卷，從朱彝尊《經義考》輯錄也，兩漢之儒即《漢書》補入，悉為登載；魏晉以後間于《釋文》、《正義》及《集解》者表著之，餘概從署，識者鑒諸。

◎劉承幹跋：右《漢儒傳易源流》一卷，石齋紀先生所輯，亦先仲景師所鄭重相付者也。先生著易學各書，大都宗漢經師之說，故又輯此書以明授受源流。自王弼注行而古師說匯，孔穎達《正義》行而古易書亡，其幸存於《釋文》、《集解》諸書中者，多微文碎義，難於貫串。武進張氏既輯鄭、荀、虞三家之注，復輯《易義別錄》，於孟氏得四家，京氏得三家，費氏得七家，因以著其源流同異，亦粗得崖署矣。乃其於孟氏，因虞翻自言世傳其學而推尊之，至信其田生枕郊獨傳之語，又推而上之，遂謂商瞿所受孔子之微言賴孟氏以傳，則未免自信其師說所受而附會失實矣。先生是書前有小序一段，著輯錄之所據，自兩漢下逮隋唐，師師相傳之緒，信者著之，疑者闕之，不附會以失真，抑亦求漢易師承者所可徵信也。癸亥浴佛日，吳興劉承幹跋。

◎同治《湖州府志》卷七十六《人物傳‧文學》三：讀易三十年，以《雜卦傳》為主，推其消息，具有條理，成書數種。

紀磊 九家逸象辨證 一卷 存

吳興劉氏嘉業堂 1923 年刻吳興叢書本

續四庫影印復旦藏 1923 年吳興叢書本

◎前識：《荀九家逸象》見陸氏《釋文》，朱子因載入《本義》，近惠氏（棟）撰《易漢學》引朱子發曰：「秦漢之際，易亡《說卦》。孝宣帝時，河內女子發老屋，得《說卦》、古文《老子》，至後漢荀爽《集解》又得《八卦逸象》三十有一。」今考之六十四卦，其說若印圈鑰，非後儒所加也。不知《說卦》所述八卦廣象為若無甚次序，然乾自為天以至為木果、坤自為地以至其于地也為黑、震自為雷以至其說究為健為蕃鮮、巽自為木以至其究為躁，卦文氣已足，不容更贅一辭矣。要為漢經師釋易義訓。如虞氏逸象之類，《集解》乃誤入經中，朱子又從而信之，殊無謂也。且其間是非互見，因不揣鄙陋，即惠氏所

注，畧為辨證如左。

紀磊 虞氏易義補注 一卷 附錄一卷 存

復旦藏吳興劉氏嘉業堂 1923 年刻吳興叢書本

續四庫影印復旦藏 1923 年吳興叢書本

◎前識：予既書張氏《虞氏易義消息》後〔註5〕（文見後），謂虞主《參同契》、鄭主《乾鑿度》，各不相入也。因思世之為虞氏者，雖不乏人，而欲其甄別而棄取之，或亦有所未暇，乃不自揣鄙陋，凡注中引《乾鑿度》以補虞氏之闕者，悉為改正，畧著其義，謂之《虞氏易義補注》。而引他說及注未洽者，亦間訂一二以附於後，非敢指摘張氏，亦欲還虞氏之舊而已。且義有不當，實輒悉改定以就其正虞氏之志也。識者鑒諸。

◎卷末云：愚謂虞氏易義不出《乾鑿度》，人或未信，試以泰六五「帝乙歸妹」注觀之，震為帝，坤為乙，帝乙紂父，亦與《乾鑿度》以帝乙為湯之說異，即此亦足以證矣。予初不解張氏既撰《虞氏易義》，而每引《乾鑿度》文，則雜鄭氏矣，似不應有此。及讀董氏後序，乃恍然矣。董序謂「先生初學為辭賦古文，既成，以為空言未足以明道，乃進求諸六經，取漢諸儒傳注讀之，尤善鄭氏《禮》，盡求鄭氏書，得其易注，善其以易說禮，而其注殘闕不備，乃更求諸易家言，於唐李鼎祚《周易集解》得所引虞氏注文，稍完具，遂深思天人之際性命之理，求其義例，三年乃通述《虞氏義》、《虞氏消息》」云云，則鄭氏之學固從鄭氏入也，宜其于《乾鑿度》之說有契于心而不知不可以溷虞氏也。因參訂其注，為備論之如此。

紀磊 虞氏逸象考正 一卷 存

復旦藏吳興劉氏嘉業堂 1923 年刻吳興叢書本

續四庫影印復旦藏 1923 年吳興叢書本

◎序：惠氏（棟）曰：「荀九家逸象三十有一，載見陸氏《釋文》，朱子采入《本義》。虞仲翔傳其家五世孟氏之學，八卦取象，十倍于九家，如乾為王以下共三百三十一，雖大畧本諸經，然其授受必有所自，非若後世向壁虛造漫無根據者也。」今讀其書，誠如惠氏言。然亦間有未合處，因更即惠氏所注，悉為攷正，以俟後之讀虞氏者察焉。

〔註5〕《書張皋文虞氏易義消息後》附於《九家逸象辨證》後。

紀磊 虞氏逸象考正續纂 一卷 存

復旦藏吳興劉氏嘉業堂 1923 年刻吳興叢書本

續四庫影印復旦藏 1923 年吳興叢書本

◎卷首云：予既從《易漢學》中攷正虞氏逸象，後讀張氏（惠言）《虞氏易義》，知惠氏所輯，尚有所遺。即張亦間有脫誤。因更補錄於後，並注所出，而張注有未安者，亦兼訂焉。

紀磊 周易本義辨證補訂 四卷 存

復旦大學、山東藏 1923 年吳興劉氏嘉業堂刻吳興叢書本

續四庫影印復旦藏 1923 年刻吳興叢書本

◎序：《周易本義辨證》五卷，長洲惠氏（棟）撰，以漢儒之象數參宋儒之義理，剖析詳明，折中至當，允為朱子功臣。惜尚有疏畧處，使後之讀《本義》者仍不能無所致疑，是亦一憾事也。因不揣鄙陋，于惠書外復加補輯，而惠注之未安者，間參訂焉。謂之《本義辨證補訂》，凡四卷。

◎跋：右《周易本義辨證補訂》四卷，石齋紀先生著。先生著有《虞氏易象攷正》《九家逸象辨證》《虞氏易義補注》等書，已校印。先是長洲惠氏棟著《周易本義辨證》，先生得而讀之，見其中有未備者補輯之，注有未安者訂正之，蓋仍惠氏之舊。而補訂之中間未錄惠氏全文，故惠氏有五卷而此僅四卷也。所訂正處僅十之二三，補輯則有十之七八，其尤要者在證明朱子「不可便以孔子之說為文王之說」二句之誤。夫後儒釋經且有疏不破注之例，安有孔子贊易而與文王異義？知必不然矣。若執朱子之說，則《漢書・儒林傳》謂「費直以彖象繫辭十篇文言解說上下經」之言不可通矣，此朱子立論偶誤，不容曲為諱也。是書大旨一宗惠氏，以漢儒之象數參宋儒之義理，足祛穿鑿空虛兩家之弊。先生他著見於此書中者尚有《讀易隨筆》、《周易集說》、《周易消息》、《傳義經文訂譌》、《朱子卦變考正》諸書，他時若能求得原稿，次第付印，俾承學之士盡得窺先生所著易說，以上溯惠氏、張氏之學，亦快事也。癸亥展上巳，吳興劉承幹跋。

紀磊 周易集說 三冊 未見

◎同治《湖州府志》卷六十一《藝文略》六著錄。

◎周按：是書未見傳本，然紀磊《周易本義辨證補訂》中屢引之。

紀磊 周易消息 十五卷 存

復旦大學、山東藏 1934 年吳興劉氏嘉業堂刻吳興叢書本

續四庫影印復旦藏 1934 年吳興劉氏嘉業堂刻吳興叢書本

◎目錄：卷首凡例、河圖（則圖書說附）、洛書、雜卦圖一、雜卦圖二、雜卦圖三、雜卦圖四、雜卦圖五、乾坤體象。卷一上篇卷乾、坤、屯、蒙、需、訟（象象傳附，下同）。卷二師、比、小畜、履、泰、否、同人、大有。卷三謙、豫、隨、蠱、臨、觀、噬嗑、賁。卷四剝、復、無妄、大畜、頤、大過、坎、離。卷五下篇咸、恒、遯、大壯、晉、明夷、家人、睽（象象傳附，下同）。卷六蹇、解、損、益、夬、姤、萃、升。卷七困、井、革、鼎、震、艮、漸、歸妹。卷八豐、旅、巽、兌。卷之十五渙、節、中孚、小過、既濟、未濟。卷九繫辭上傳。卷十繫辭下傳。卷十一文言傳。卷十二說卦傳。卷十三序卦傳。卷十四雜卦傳。

◎凡例：

一、河圖洛書，漢儒不言而宋儒言之。或者猶以為疑。然易中象數之學實不外於天一地二一節，可因噎而廢食乎？

一、河圖是數，故自一至十皆數也；洛書是文，故自一至九皆文也。所謂聖人則之者，河圖即天地定位一節，乃雜卦方位，以變化既成言也；洛書即帝出乎震一節，所謂大明終始、六位時成也，以變化言也。今特繪圖於前以備參考。

一、《雜卦》一篇即古之卦變，消息皆從此推出。故今所釋者皆依《雜卦》為說，而先列五圖于篇首。

一、《說卦》一篇即釋《雜卦》之說也，故總繪一圖以待學者自察（即《雜卦》第四圖）。

一、乾坤父母也，六子皆從此出。故取象先乾坤而後六子。

一、乾三爻即震坎艮，坤三爻即巽離兌，故象即從此取，如乾初即震、二即坎、三即艮，坤初即巽、二即離、三即兌，然初反即上、二反即五、三反即四，故六畫卦又即以反取之者。且乾之一三五為乾，二四上即為坤；坤之二四上為坤，一三五即為乾。陰陽互易，不能以一說拘也。因先列體象于前以便尋覽。

一、凡注中取象皆從《說卦》推出，與先儒少有異同，幸勿執荀、虞諸家以相詬病。

一、凡經傳中句讀及文有異同處，皆本諸先儒，非敢妄為竄改。

一、孔子十翼所以釋經，故今所釋者並依十翼為說。如漢儒爻辰、納甲等說概不敢濫入。

一、彖象上下四傳，先儒並附經後，取其使于尋繹。故今亦從之但不過並如乾卦。例如《文言傳》則仍依原本次《繫辭傳》後。

一、《繫辭》《說卦》等傳雖若泛論大意，然孔子並依象說，故今亦從象解，非故為其難，取其易於領畧耳，讀者幸勿嫌其鑿。

一、伏羲畫卦、文王彖辭、孔子作傳，班氏所謂人更三聖世歷三古也，與周公絕無干涉。以爻辭為周公作，出于唐孔穎達，附會未足為據，故今特削之，詳見《讀易隨筆》。

一、經傳中字凡無異讀者概不音注，從省也。

◎周易消息序：伏羲傳十言之教，消息為先；文王演六畫之辭，吉凶以斷。既彌綸乎天地，自該括乎陰陽。然而道有至微，理難遽喻，生生不絕，誰窺性命之源？亹亹相尋，孰測神明之奧？唯我夫子，矢志韋編，源敦厚于一畫之先，洩憂患于一篇之內，剛柔立本，造化悉出於乾坤；變通趨時，盡神不離乎鼓舞。既述《文言》之蘊，復傳《雜卦》之篇，易其至乎？孰與於此！逮乎秦，逃烈燄，因卜筮而僅存。漢列學官，儕讖緯而多雜，或傳卦氣，或尚爻辰。納甲、納音，既象懸乎日月；主世、主應，亦位協乎璣衡。雖各得夫一偏，究未晳乎全體。洎王、韓之虛寂，迄孔、陸之迂疏，筌蹄既忘，圖書何有？況乎主張經世，復滋圖象于先天；推本無為，遂別卦爻于太極，與夫錯綜駁雜、交互支離，均未窺一聖之心，究孰測六爻之變？某也年已知命，質猶童蒙，雖雅慕乎同人，敢妄袪夫大過？唯是十年不字，空懷女子之貞；三接無緣，絕少康侯之錫。既彙征兮失望，遂居業而潛心。體艮時行，法乾不息，參盈虛於剝復，驗感應于咸恆。開國承家，道不外乎君臣父子；仰觀俯察，理不越乎幽明死生。樂則行而憂則違，既識潛龍之妙；氣相求而聲相應；還思品物之亨。否泰循環，坎離交姤。欣既濟之由漸，惕家人之反睽。遂乃抉三古之微，扼一篇之要。圖宗出震，義辨中爻。黜京、焦之游魂，補荀、虞之逸象。前民用于十有八變之內，範周天于六十四卦之中，乃知六日七分法猶差乎微秒，一十二萬言更近于荒唐。既倚數而生爻，遂窮理以至命。探賾索隱，敢言心聖之心；兩地參天，聊可數易之數。豈無知我，請挾策而嬉太昊之天；如有從遊，願持書而論中古之世。同治元年歲次壬戌春王正月，烏程後

學紀磊位三氏序于北麻之豐玉堂。

◎劉承幹跋：《周易消息》十四卷，烏程紀磊位三撰。位三一字石齋。覃思易學積三十年，所著《漢儒傳易源流》《周易本義辨證補訂》《荀虞易義》均已校刊。其學兼綜漢宋而以漢師為歸。漢易大指可見者三家：鄭氏言爻辰，荀氏言升降，虞氏言消息。三家之中尤以虞氏為較備。元和惠定宇徵君著書推闡虞義，多缺而未完；武進張皋文編修繼起，訂譌補缺，成一家言，虞義略備矣。先生是書雖亦言消息，然多自道心得，又與惠張二家專守師法者不同也。卷首敘例謂《雜卦》一篇即古之卦變消息皆從此推出；《說卦》一篇所以釋雜卦之義；其天地定位一節即河圖，以變化既成言；帝出乎震一節即洛書，以變化言。變化之時，剛柔交易，故數有不齊；及其既成，則一六位北、二七位南、三八位東、四九位西、五十位中，所謂五位相得而各有合。以河圖為體，以洛書為用，足破康節先後天之說。惟以圖書謂即聖人之所則，亦其一蔽。蓋河圖洛書實因易而作，非易因河圖洛書而作。德浦胡朏明明經《易圖明辨》已詳言之，謂出於附會。先生既不信康節先天之圖，而仍援圖書以立說，猶未免得半而失半。至其取象並依《說卦傳》，與荀、虞互有出入，自是學易多年，精思有得，異於穿鑿附會者矣。爰為校刊以存其一家之學。甲子小春，吳興劉承幹跋。

◎摘錄卷首《圖書說》：

河出圖洛出書，聖人則之，經有明文。則聖人之作易並則圖書可知也。然以十為圖、以九為書，先儒雖有是說，而所謂則之者多未明確，故終無以解世人之疑。今從《雜卦》推之而知《說卦》一篇即聖人之圖說也。因具詳于後以俟後之讀易者。

則河圖者，即天地定位一節也。河圖一六居北，即既濟初也。既濟初，乾初伏坤上也。初即天一，上即地六，乾上坤下，故曰天地定位。以《雜卦》言之，即否泰也。否泰即乾坤所謂「乾以君之，坤以藏之」也。二七居南，即既濟二也。既濟二，坤五伏乾二也，五兼二即天七，二即地，二離上坎下，故曰水火不相射。以《雜卦》言之，即既／未濟也。既／未濟即坎離所謂「雨以潤之，日以晅之」也。三八居東，即既濟三也。既濟三，乾三伏坤四也，三即天三、四即地八，震上巽下，故曰雷風相薄。以《雜卦》言之，即恆也。恆即震巽，所謂「雷以動之，風以散之」也。四九居西，即既濟四也。既濟四，坤三伏乾四也，三其三即天九，四即地四，兌上艮下，故曰山澤通氣。以《雜

卦》言之，即咸也。咸即艮兌所謂「艮以止之，兌以說之」也。五十居中，即既濟五也。既濟五，乾五伏坤二也。五即天五，二其五即地十，亦即天地也。蓋五即一、十即六也，神妙居中則為乾坤，所謂在天成象也；變化在下則為既濟、歸妹，所謂在地成形也。然則則河圖者，以變化既成言也。

洛書者即帝出乎震一節。洛書三居東，即震也。震天三居東南，即巽也。巽地六，二四為六，二即四也。九居南即離也，離地二兼七則為九，二居西南即坤也。坤地四，四即二坤始二也。七居西即兌也，兌亦地四，與艮易兼三言則為七。六居西北即乾也，乾天五與巽易則為六。一居北即坎也，坎天一。八居東北即艮也，艮亦天三兼中五言則為八五居中，亦即乾也，居中運化者也，即所謂大明終始、六位時成也。然則則洛書者，以變化言也。變化之時，剛柔交易，故數有不齊；及其既成，一六位北、二七位南、三八位東、四九位西、五十為中，所謂五位相得而各有合也。蓋河圖其體，洛書其用，用行而體立矣，所謂聖人則之者，不了然乎？

紀磊　朱子卦變考正　一卷　未見

◎同治《湖州府志》卷六十一《藝文略》六著錄。

◎周按：是書未見傳本，然紀磊《周易本義辨證補訂》中屢引之。

紀磊　傳義經文訂譌　一卷　未見

◎同治《湖州府志》卷六十一《藝文略》六著錄。

◎周按：是書未見傳本，然紀磊《周易本義辨證補訂》中屢引之。

紀汝倫　遜齋易述　五卷　存

首都圖書館藏稿本（不分卷）

◎徐世昌《畿輔書徵》著錄鈔本。

◎一名《易述》。

◎紀昀《紀文達公遺集》卷八《遜齋易述序》：易之精奧，理數而已，象其闡明理數者也。自漢及宋，言數者岐而三：一為孟喜正傳也，歧而為京、焦，流為讖緯；又歧而為陳、邵，支離曼衍，不可究詰，於易為附庸矣。言理者亦歧而三：乘承比應，費直易也，歧而為王弼、為王宗傳、為楊簡，浸淫乎佛老矣；又歧而為李光、楊萬里，比附史事，借發論端，雖不比康邵之徒虛靡心力、畫算經而圖弈譜，然亦易之外傳耳。中間持其平者，數則漢之

康成，理則宋之伊川乎？康成之學，不絕如線。唐史徵、李鼎祚，宋王伯厚及近時惠定宇，粗傳一二而已。伊川之學，傳之者多，然醇駁互見，決擇為難。余勘定四庫書，頗恨其空言聚訟也。從姪虞惇，自戊子鄉舉後，一任滿城學官，即歸里，以經義課子弟。偶采諸家之愜理者，標題於《周易》之簡端，猶韓吏部之《論語筆解》也。壬子四月從余至灤平，重勘文津閣祕書，因以呈余。余喜其精思研理，去取平心，無宋南渡以後講學家門戶之習，因為題其卷首。昔從兄懋園舍人嘗註《毛詩廣義》，以毛亨傳為主（《詩》傳乃大毛公作，康成《詩譜》甚明。儒生類稱毛萇，未之考耳），而參以諸說，能持漢學宋學之平，今著錄《四庫總目》中。虞惇此編，可謂世其家學矣。余年近七十，一生鹿鹿典籍，而徒以雜博竊名譽，曾未能覃研經訓，勒一編以傳於世，其愧懋園父子何如耶！

　　◎紀汝倫，字虞惇。直隸獻縣（今河北獻縣）人。乾隆三十三年（1768）舉人。官滿城教諭。後丁母憂歸里。又著有《遜齋詩述》十二卷、《浙西詩》二卷、《閩遊草》、《中州集》。

紀汝倫　遜齋易義通考　六卷　存

　　稿本

　　臺灣中研院史語所藏清鈔本

　　◎是書九閱月而成，實節鈔朱彝尊《經義考》而變其體例：以人為綱，以時為次；各書注存、佚、闕而不列未見；《經義考》中唐以前書全抄，宋以後書則刪去甚多，朱氏所輯原書序跋保留，而諸儒之論斷又有所芟節；孟氏《章句》、焦氏《易林》各加眉批，又迻錄《漢書》二人列傳各一節，餘無所按斷。

賈豐臻　易之哲學　三章　存

　　山東藏商務印書館 1931 年王雲五主編國學小叢書排印本

　　上海書店出版社 1990 年周谷城主編民國叢書第二編本

　　臺灣文聽閣圖書有限公司 2009 年林慶彰主編民國時期經學叢書本

　　上海三聯書店 2014 年復制民國滬上初版書本

　　◎目次：易之思想系統：八卦之成立（相對之原理、二原理之符號、八卦之構成、乾坤六子之說、八卦之性質、重卦之成立）、卦畫之意義（八卦與六十四卦、上下二卦之關係、六爻由下而上、以天地人為則、陰位陽位、各爻之社會的位置、一

爻有一卦之象、承乘應比據互體約象、卦形、卦爻含變之意味、爻與卦之關係、三百八十四爻之一般性質）、易之經典（易之體裁及作者、六十四卦之順序、卦綜與卦錯、三易之文、上下經之用字法、易經為字書說、經典之權威、十翼之文、十翼非孔子之作、象象之別、象象之時代）、易之思想與易書（易之根柢、卦辭爻辭、十翼、易關係之思想）。易之哲理：陰陽論（陰陽與人事、陰陽與矛盾相對）、六十四卦之哲學（一卦之意味，六十四卦之人生觀，六十四卦之名稱，六十四卦之分類：處世、安樂、愛撫、交際、教育、家庭、婚姻、行旅、制伏、獄訟、戰爭、患難、進退、社會同情、進步、修養，經解，易論，六十四卦之占筮的解釋）、十翼之思想（記述法、象之哲學、象之哲學、繫辭之哲學、說卦之哲學、文言之哲學、八卦之象、八卦之順序、六十四卦貞悔生成說、八之解釋、爻變考）、易之應用（隨時指導、倫理的唯心論、政治思想、一切應用、萬物數之說）、易與他之哲學系統（易與五行說、易與干支及命相、干支之說明、易與老子哲學、易與河圖洛書）。易與占筮：占筮法（過揲說、卦扐說、三十六策說、四十八策說、第二第三不卦說、大衍之數說、過揲與卦扐何取、筮法之價值、筮法之所象、筮器）、占驗論（占驗法一般、左傳所載之占驗例、梅花心易要領）、占筮法之原理（占筮之理、占筮之根柢）。

　　◎代序〔註6〕（節錄梁任公氏所說易體）。

賈橚　繫辭本解　一卷　存

　　臺灣故宮博物藏嘉慶刻本

賈煥猷　周易離句啟蒙　七卷　存

　　首都圖書館藏宣統元年（1909）竹陰書局石印本

　　1916年鉛印本（題新輯周易離句啟蒙）

　　◎鄧本章總主編《中原文化大典・著述典・正編・經部》：《中州藝文錄》、《河南通志藝文稿》皆著錄是書。今蓋佚矣。

　　◎賈煥猷，字茂衡。河南光山人。

賈聲槐　周易解　三卷　首一卷　存

　　山東、北師大、山東黨校藏道光十四年（1834）刻本

　　山東文獻集成第四輯影中共山東省委黨校藏道光十四年（1834）刻本

〔註6〕周按：文長不錄。

◎賈聲槐，字閣閭，號艮山。山東樂陵人。嘉慶己未進士，歷官溫處道。又著有《艮山文集》十一卷、《艮山文續集》十二卷。

賈璇 易筆記 佚

◎孫葆田《山東通志》卷百二十七《藝文志》第十：是書見《續修府志採訪冊》。

◎賈璇，字聯樞。山東歷城人。嘉慶十五年（1810）歲貢。

賈琰 周易說 佚

◎《續修歷城縣志》卷二十二《藝文》：賈琰《周易說》三冊（採訪鈔本）。琰自序略曰：《易》之為書，蓋蘊蓄者深已。幼年開卷茫然，不知所謂，時作時輟。晚歲自山西投劾歸，取諸講義細玩，每有所得，而隨筆錄於簡弁，久而上下左右幾無隙地。弟□、姪□，好事者也，不憚煩勞，取而次第鈔藏於家，以為弟子津梁。若夫問世，則吾豈敢！嘉慶三年歲次戊午八月既望（本書）。序後載凡二十三條，其第九條云：「河圖有象，先天後天有圖，孔子《十翼》中原無明訓。此編總以聖人白文為主，不敢勦竊雷同。蓋其論易主理不主數，故其為說，皆明白簡淨，無穿鑿傅會之談。」（《通志》）

◎孫葆田《山東通志》卷百二十七《藝文志》第十：是書有家藏抄本。據卷首嘉慶戊午自序，蓋晚年罷官後所作。序後載凡例二十三條，其第九條云：「河圖有象，先天後天有圖，孔子《十翼》中原無明訓。此編總以聖人白文為主，不敢勦竊雷同。蓋其論易主理不主數，故其為說，皆明白簡淨，無穿鑿傅會之談。」

◎訂補《濟南府志・經籍》云六萬餘言，撰者作賈炎（《選舉》作賈玉）。

◎賈琰，字蘭圖。山東歷城人。乾隆癸酉舉人，歷官平陽同知。

賈應寵 周易淺解 佚

◎汝陰李文煌《澹圃恒言序》著錄。

◎《滋陽縣志》本傳：治易以象傳為宗，每正舊注之愖。

◎賈應寵（1590～1676），字思退，一字晉藩，號鳧西，別號澹圃。晚年喜說鼓詞，故自號木皮散客、木皮散人。山東曲阜人。崇禎初歲貢，約崇禎十二年（1639）曾令河北固安縣，官至戶部主事、刑部主事。遭忌辭官。順治八年補舊職，未幾免歸。晚年悲憤愈深，佯狂愈甚，竟不容於鄉里，乃移家滋

陽，客死於茲。孔尚任嘗為作《木皮散客傳》。又著有《四書本義》、《詩綱》、《澹圃集》、《澹圃詩草》、《木皮道人鼓詞》（又名《賈鳧西鼓詞》）、《太師摯適齊章鼓詞》、《通鑑段鼓詞》（一名《歷史鼓詞》或《二十二史鼓詞》）。

江承之 安甫遺學 三卷 存

山東藏光緒十四年（1888）江陰南菁書院刻南菁書院叢書本

◎目錄：卷首安甫遺學序。卷上虞氏易變表上經。卷中虞氏易變表下經。卷下周易爻義三事、讀易條記二十五事、讀禮記條記五十五事、讀儀禮條記七事、儀禮名物目錄一篇。卷末江安甫葬銘。

◎張惠言《安甫遺學序》〔註7〕：右〔註8〕歙童子江承之安甫撰。安甫生十四年而學，學四年，年十有八，正月一日殞于京師。其學好鄭氏禮、虞氏易，非二家之說，猶泥芥也。其志以為易亡于唐、禮晦于宋，傳且數百年，本朝儒者乃始有從而發明之，然數十年之間，天下爭為漢學，而異說往往而倡。學者以小辨相高下，不務守大義。或求之章句、文字之末，人人自以為得許、鄭，不可勝數也。故其治鄭氏則依于婺源江徵君及歙縣金先生，其治虞氏則依余之易義，然皆貫串經文以求其合，其有不合，雖余口授，不敢信，爭之，每齗齗盡悟乃已。其自期賈、孔以下，蔑如也。嗚呼！學者患志不篤；志篤矣，患擇術不正；術正而志篤，如理颿楫而沿于通川，其至海也必矣。然而不至者，豈非命哉？嗚呼！觀其零爻碎義之偶存若如此，亦足以悲其志矣。嘉慶六年三月，武進張惠言錄竟敘之。

◎江承之（1783～1800），字安甫。安徽歙縣江村人。世業賈，至承之始為儒者之學。承之好學而有恆，不喜詞，賤小技，獨有志於六經。嘉慶元年（1796），與董士錫等投張惠言門下。初學時文，後改習《鄭氏禮記》，通讀鄭學諸作，旁及他漢儒學說。又著有《安甫遺學》三種、《儀禮名物》、《鄭氏詩譜》。

江承之 虞氏易變表 二卷 存

杭州藏稿本（張惠言校補）

嘉慶刻本

〔註7〕又見於《茗柯文編》三編。
〔註8〕《茗柯文編》三編「右」下多「凡三卷」三字。

國圖、北大、湖北藏道光十二年（1832）王懷佩閩中刻本

◎張惠言《虞氏易變表序》〔註9〕：《虞氏易變表》，亡生江承之安甫所作也。安甫受易三年，從余至京師，乃作此表。其義例屢變益審，故為完善。自鼎以下十五卦未成，安甫死之。七月，余役陪鼎〔註10〕，館舍無事，乃取其橐校錄而補之，定為二篇，附于《消息》之後。嗚呼！吾書苟傳也，安甫為不死矣。武進張惠言譔。

◎張惠言《茗柯文編》三編《說江安甫所鈔易說》：凡余所著易說，安甫手寫者，《虞氏義》九卷、《消息》二卷、《禮》二卷、《事》二卷、《候》一卷、《鄭荀義》三卷、《緯略義》三卷，共裝為八本。惟《別錄》十七卷未及寫而安甫死矣。余以嘉慶丙辰至歙，居江邨江氏。明年，余書稍稍成。時余之甥董士錫從余，與安甫年相及相善，竝請受易，各寫讀之。所居橙陽山，門前有小池，夫渠盈焉。時五六月間，每日將入兩生，手一冊坐池上解說。風從林際，來花葉之氣，掩冉撮發，余於此時心最樂。其冬士錫歸常州，學以不能竟；而安甫明年從余至浙，又明年遂從余北來。兩年之間，非疾病未嘗一日廢此書，非舟車逆旅未嘗一日不寫此書，蓋能通者十五卷矣。嗚呼！余為此書，好之者安甫耳、士錫耳。士錫敏于安甫而精專不如，又不竟以去；安甫為之幾成而竟死。後之人其況有傳吾書者耶？雖有之，其于吾也，奚所樂于心。故哀安甫所寫為一帷，時時覽觀，以寄余之悲焉。安甫幼時不喜學作字，故其為書速而拙。比來京師，乃自恨學顏魯公大字筆力勁整可愛。安甫死之十日夢于余曰：「請讀書，禮乎？易乎？」余呼之如平生，曰：「二，汝乃今為鬼，安所事禮？順陰陽，時消息，幾以奠汝游魂。」安甫諾而去，自是未嘗與吾夢接也。嗚呼！安甫其尚不忘于茲耶？嗚呼，可哀也已！

◎《虞氏易變表》附張惠言《江安甫葬銘》〔註11〕（摘錄）：江承之字安甫，年十四從余學時文。十五讀江永《鄉黨圖攷》，奮然請治經，受鄭氏《禮記》，日夜誦習，旁及他鄭氏書、先漢諸儒說，攷校推究，往往通大義。時余方次虞氏易，又請受之。每一卷就，輒手寫講解。比余書成，而安甫悉能指說，益為余校其不合者數十事。十七從余來京師，更受《儀禮》，讀未竟，以嘉慶五年正月一日病死，年十八。安甫於世事無所嗜，獨好治經；於世之人

〔註9〕又見於《茗柯文編》三編。
〔註10〕《茗柯文編》三編《虞氏易變表序》「鼎」作「京」。
〔註11〕又見於《茗柯文編》三編。

無所悅，獨好余，唯余言是從。飲食寢處必余依，暫去余，皇皇若無所稅。其從余而來也，余不忍沮；其父母憐之，亦不忍拂也。其治經唯好鄭氏，疾非鄭者如讐。嘗寫《後漢書・鄭康成傳》而次其年譜，繫之以文，悠然有千載之思，往往欲著書，余每戒之。今檢其錄，有曰《周易爻義》、曰《儀禮名物》，皆無書。鄭氏《詩譜》、虞氏《易變表》略已具，未就。余取其《易表》附于吾書，而錄其條于各書者次為一卷，庶以存其大凡。安甫徽州之歙人，父曰毓英。

◎董士錫《齊物論齋文集》卷四《江承之傳》：承之所師事，庶吉士武進張先生。先生弟子前後曰十數，承之為最。承之生十四年而事張先生，凡四年，先生之所學者無不學也，先生之所著述發明者無弗朝夕而檢求也，遂通虞翻氏易、鄭康成氏禮。嘉慶四年，張先生之京師，承之從，若不可曰一日違先生者。其冬得疾，曰五年正月之朔卒于京師，年十有八。

◎民國《歙縣志》卷十《人物志・士林》：年十四從張惠言治經，受鄭氏《禮記》。時惠言方次虞氏易，又請受之。每一卷成，輒手寫講解。比殺青，承之悉能指說。十七從遊京師，更受《儀禮》，讀未竟，以嘉慶庚申病卒，年僅十八。檢其書，有《鄭氏詩譜》《虞氏易變表》稿，惠言取其《易表》次為一卷。

◎周按：張惠言《茗柯文編》三編又有《祭安甫文》、《又告安甫文》可參。

江承之 周易爻義 一卷 存

山東藏光緒十四年（1888）江陰南菁書院刻南菁書院叢書・安甫遺學本

◎《清史稿》卷四八二《列傳》第二六九《儒林》三：江承之，字安甫，歙縣人。學於惠言。時弟子從惠言受易、禮者十數，其甥董士錫受易，通陰陽五行家言，承之兼受易、禮。著有《周易爻義》、《虞氏易變表》、《儀禮名物》、《鄭氏詩譜》，年僅十有八。

◎劉聲木《桐城文學撰述考》卷三「江承之撰述」：《虞氏易變表》二卷、《讀經雜記》一卷、《周易爻義》□卷、《儀禮名物》□卷、《鄭氏詩譜》□卷、《鄭康成年譜》□卷。

江鼎科 易義合編 三卷 佚

◎道光《徽州府志》卷十一之四《人物志・文苑》：家貧力學，研心易理，

著有《周易摘要》六卷、《易義合編》三卷。

　　◎江鼎科，字希耀。安徽婺源（今屬江西）清華人。恩貢生。

江鼎科 周易摘要 六卷 佚

　　◎道光《徽州府志》卷十一之四《人物志・文苑》：家貧力學，研心易理，著有《周易摘要》六卷、《易義合編》三卷。

江藩 周易述補 四卷 存

　　國圖、上海、湖北、中科院藏嘉慶二十五年（1820）刻本

　　山東藏道光九年（1829）廣東學海堂刻皇清經解本

　　道光刻節甫老人雜著本

　　上海藏咸豐七年（1857）潘道根鈔本

　　道光刻、光緒補刻江氏叢書本

　　四部備要本

　　續四庫影印上海藏嘉慶刻本

　　山東藏 1936 年上海中華書局鉛印四部備要本

　　山東藏臺北成文出版社 1976 年無求備齋易經集成影印咸豐十年（1860）補刻印皇清經解本

　　山東藏臺北商務印書館 1983 年景印文淵閣四庫全書影印國立故宮博物院藏本

　　山東藏臺灣新文豐出版公司 1983 年大易類聚初集影印道光九年（1829）本

　　九州出版社 2005 年易學叢刊簡體橫排整理本

　　◎周易述補敘〔註12〕：元和惠君定宇著《周易述》二十卷，未竟而卒，闕自鼎至未濟十五卦、《序卦》《雜卦》二傳。德州盧運使序而刻之，其闕佚如故，慎之也。易家之尨雜，如王韓之鑿、宋人之陋、太極河洛之誕，此在國初諸儒黃宗炎氏、毛奇齡氏、胡渭氏皆能言其非者，然從未有盡祛魏晉以來儒說之異而獨宗漢易者也。漢易最深者無過虞氏，虞氏其說今僅散見於李氏鼎祚《集解》中，後儒土苴視之而不以為易之準的。是易終為幽渺不可知之書，愚者怖之，陋者鑿之，而漢之師法盡亡矣。雖然，漢易豈易言哉？裴松之《三

〔註12〕又見於《校禮堂文集》卷二十六。

國志注》引《虞翻別傳》曰：「翻高祖父故零陵太守光少治孟氏易，至祖父鳳為之最審，世傳其業，至翻五世。」則虞所注者孟氏學也。陸氏《釋文》曰：「箕子之明夷，劉向云：今易箕子作荄滋。鄒甚云：訓箕為荄，詁子為滋，漫衍無經，以譏荀爽。而箕子者，萬物方荄滋也。其說出於孟喜弟子趙賓。」則荀所注者亦孟氏學也。《漢書‧儒林傳》乃曰：「孟喜從由王孫受易，詐言師田生，且死時獨傳。喜同門梁邱賀疏通證明之。」又蜀人趙賓好小數書，後為易，持論巧慧，易家皆曰非古法也。云受孟喜，若然荀、虞之學幾於師承不明，是班所述已昧經師之授受而啟學士之疑惑，易學之亂不待唐宋以還也。君生千餘年後，奮然論著，取荀、虞旁及鄭氏、干氏、九家等義，且據劉向之說以正班固之誤。蓋自東漢至今，未析之大疑、不傳之絕學，一旦皆疏其源而導其流，不可謂非一代之儒者宗也。予讀其書而惜其闕，思欲補之，自懼寡陋，未敢屬草。癸卯春在京師，聞旌德江君國屏為惠氏之門人，作《周易述補》，心慕其人，未得見也。次年客揚州，汪容甫始介予交江君。讀其所補十五卦，引證精博，羽翼惠氏，皆予所欲為而不能為者。江君屬予序之，予以為江君體例同於惠氏，茲不再論。獨惠氏之書象下傳「家人：女正乎內、男正乎外」注「內謂二，外謂五」、象下傳「澤无水困」注「水在澤下，故无水」、「木上有水井」注「木上有水。上，水之象」，猶不免用王弼之說。江君則悉無之，方之惠書，殆有過之無不及也。歙凌延堪敘。

◎阮元《定香亭筆談》卷四：鄭堂受業於惠氏子弟余君仲林，盡得其傳。所著《周易述補》、《爾雅正字》諸書，皆有發明。

◎丁晏《頤志齋感舊詩‧江鄭堂師》：

師發策問許君《說文》引經皆古文，晏詳對近萬言。師評云：「不佞三復足下之策，擷羣籍之精，闡漢易之奧。當今之士如足下之好學深思者，有幾人哉！」其激賞如此。刻《漢／宋學師承記》《周易述補》。

末學困株守，獎掖銘深恩。青薄與結綠，長價薛卞門。夷途從此識，汲古蟠其根。伯道竟無嗣，侯芭誰與論？南望桃花菴，楚些難招魂。墓門近江總，腹痛不能言。

◎江藩（1761～1830），字子屏，號鄭堂。江蘇甘泉（今揚州）人。師事江聲、朱筠、余蕭客。淹貫經史，博通群書，旁及九流、二氏之學，無不綜覽。阮元延主書院講習。又著有《國朝漢學師承記》、《國朝宋學淵源記》、《爾雅小箋》、《隸經文》、《樂縣考》、《炳燭室雜文》等。歿後葬揚州桃花庵側。

江見龍 周易清解 無卷數 佚

◎《皇朝通志》卷九十七：《周易清解》無卷數，江見龍撰。

◎《皇朝文獻通考》卷二百十二：《周易清解》無卷數，江見龍撰。

◎乾隆《杭州府志》卷五十七《藝文》一：《周易清解》（國朝仁和江見龍撰。《浙江遺書總錄》作四冊）。

◎四庫提要：其說易主象與理而略於數。如解屯六四，「四止而初動，有『班如』之象」；大壯九三，「用壯用罔之故」；旅六二，「得童僕為得三爻」，此類凡數十條，皆於經傳有裨。惟經前傳後次序昭然，漢晉以來或亦析傳以附經，從無後經而先傳，見龍乃移《繫辭》、《說卦》、《雜卦》、《序卦》於上下經之前，分為二卷，名曰《孔子讀易傳》，則欲尊孔子而不知所以尊矣。

◎江見龍，字壽水。浙江杭州人。康熙中諸生。

江南秀 讀易集說 佚

◎同治《黟縣三志》卷十二上《雜志‧書籍‧現在採訪書目‧經部》：江南秀《讀易集說》。

◎同治《黟縣四志》卷十二《藝文志》上《經部》：江南秀《讀易集說》。

◎同治《黟縣三志》卷七《人物志‧文苑傳》：有《讀易集說》。

◎江南秀，字瑞三。安徽黟縣蓬廈人。增生。

江清澂 大易全書 佚

◎道光《徽州府志》卷十五《藝文志‧婺源》：江清澂《大易全書》。

◎道光《徽州府志》卷十一之三《人物志‧儒林》：質魯嗜學，康熙辛酉舉鄉試，明年成進士，時年已六十。需次家居，猶日搜取祖父所著《近思錄補》《心性編》《遵行錄》《大易全書》參訂注釋行世。

◎江清澂，字畏知。安徽婺源（今屬江西）旃坑人。

江紹芳 默照軒讀易管窺 四卷 佚

◎道光《徽州府志》卷十一之四《人物志‧文苑》：究心經學，尤精於易，著有《默照軒讀易管窺》四卷。

◎民國《歙縣志‧儒林》卷七《人物志‧文苑》：究心經學，尤精於易，著有《默照軒讀易管窺》四卷。

◎道光《徽州府志》卷十五《藝文志‧歙》：江紹芳《默照軒讀易管窺》

四卷。

　　◎民國《歙縣志》卷十五《藝文志·書目》：《默照軒讀易管窺》四卷（江紹芳）。

　　◎江紹芳，安徽歙縣人。著有《默照軒讀易管窺》四卷。

江一鴻 易說 六卷 佚

　　◎道光《徽州府志》卷十一之三《人物志·儒林》：為學專宗紫陽，經史子集無不通貫，尤精易及宋儒語錄。著有《四書融注會解》二十卷、《易說》六卷。

　　◎道光《徽州府志》卷十五《藝文志·婺源》：江一鴻《易說》六卷。

　　◎江一鴻，字孔瞻。安徽婺源（今屬江西）江灣人。乾隆辛丑舉人。

江一麟 易說 佚

　　◎道光《徽州府志》卷十五《藝文志·婺源》：江一麟《易說》。

　　◎江一麟，安徽婺源（今屬江西）人。著有《易說》。

江永 河洛精蘊 九卷 存

　　山東藏乾隆三十九年（1774）黃聖謙蘊真書屋刻後印本（民國歉軒跋）

　　乾隆五十年（1785）刻本

　　學苑出版社 2007 年孫國中校理本

　　九州出版社 2011 年馮雷益整理本

　　◎目錄：

　　內篇（河洛之精）：一卷河圖、洛書、河圖洛書原始、聖人則河圖畫卦圖、聖人則洛書列卦圖、圖說、線河圖（橫列太陽少陰圖、縱列少陽太陰圖）、圖說、通論河圖洛書、論先天八卦、圖書八卦餘論。二卷論後天八卦未必始於文王、後天八卦圖、圖說、河圖變後天八卦圖、圖說、後天卦配洛書之數圖、圖說、後天卦以天地水火為體用圖、圖說、以卦畫推先天變後天說、以五行推論先天變後天說、先後天陰陽卦說、重卦說、先天六十四卦橫圖、圖說、先天六十四卦圓圖、圖說（附六十四卦方圖說）。三卷大衍之數五十說、參天兩地而倚數說、揲蓍法、揲蓍說、筮法疑義說、揲蓍餘義說、變占說、占法考、變占餘義說。

　　外篇（河洛之蘊）：四卷河洛未分未變方圖、河洛未分未變三角圖、圖

說、洛書二八必交始成造化說、先天為序卦之根說、三十六宮說、十二辟卦說、後天為雜卦之根說、互卦說、四象相交為十六事圖、圖說、六十四卦中四爻互卦圖、十六卦互成四卦圖、圖說、後天六十四卦次序圖、圖說、後天六十四卦方位圖、圖說、八卦安世應例、八宮布干支例、八宮支神屬六親例、飛伏例、變卦六親例、擲錢例、總說（附八曜殺說）。五卷卦變說、卦變考、總論、辯來氏錯綜二字之謬、卦象說、卦象考〔註13〕、總論。六卷勾股原始、勾三股四弦五圖、勾股冪圖、勾股名義、論勾股之用至廣、後天八卦應勾股圖、圖說、河圖五勾股說、洛書四勾股圖、圖說、平圓兩勾股得整數圖、圖說、論四率比例生於勾股、列率式並說、洛書乘除比例說〔註14〕、論三率連比例之理、理分中末線出河圖中宮說、法洛書著策用三百六十整度之理圖、圖說、乘方法合畫卦加倍法圖、圖說、六乘方至十一乘方圖、圖說。七卷律呂聲音本於河圖洛書說、算律不用三分損益說、河圖為律管長短空徑大小之源說、算律之法、列律圖、圖說、河圖五音本數圖、圖說、河圖五音順序相生圖、圖說、河圖五音之數即含隔八相生之理說、河圖五音變數圖、圖說、洛書應十二律圖、圖說、洛書配支辰律呂應六合圖、圖說、納音說、納音五行母子數圖、圖說、六十納音歸河圖變數圖、圖說、納音配六十調圖、圖說、六十納音分上中下聲圖、圖說、圖書為聲音之源說、字母配河圖之圖、圖說、五十音應大衍之數圖、圖說。八卷河圖為物理根源圖、圖說、法洛書制明堂圖、圖說、河圖應五星高下圖、圖說、二十八宿屬七曜說、觜參二宿前後說、河圖變體圖、圖說、陳圖南易龍圖自序、圖序說、河圖變體合十一數圖、圖說、河圖含八卦五行天干圖、圖說、河圖含八干四維十二支二十四向方圖、河圖含八干四維十二支二十四向圓圖、圖說、羅經原始、羅針三盤說、淨陰淨陽說、羅經六十甲子說、盈縮平分說、諸陰陽說、三卦說、九星卦例說、洪範五行說、貴人說、遁甲奇門說、二十四氣陰陽局圖、圖說、陽局布奇儀星門例、陰局布奇儀星門例、附八神例、元辰抖首五氣定局圖、圖說、紫白洛書說。九卷納甲說、納甲圖、河圖數明納甲圖、圖說、以納甲法推先天變後天說、人身督任脈手足經脈應洛書先天八卦圖、圖說、橫圖應氣血

〔註13〕子目：天文類、歲時類、地理類、人道類、人品類、人事類、身體類、飲食類、衣服類、宮室類、貨財類、器用類、國典類、師田類、動物類、植物類、雜類。

〔註14〕子目：相連四率、隔一四率、隔二四率、總說、隔一三率連比例。

流注圖、圖說、六子應六氣圖、圖說、主氣流行應節氣卦脈圖、五運圖、客氣
加臨司天在泉定局圖、圖說、六脈圖、圖說、十二藏脈候部位辯、圖書卦畫六
氣藏府脈候一貫說、圖書五奇數應五藏部位圖圖說、乙癸同源說、傷寒傳足
不傳手說。

◎盧文弨序〔註15〕：道在天地間，始也惟聖人能通之，故圖書啟而卦象
生，於以開物成務，冒天下之道。以為創也，其實因也。孔子贊易，知卦象之
本於圖書，故於大傳具明之。劉歆始以為河圖授羲，羲因之而畫卦；洛書錫
禹，禹因之而演範。歧而二之，其說顯戾於聖人。孟堅則知其相為經緯表裏
矣，然亦不能言其詳。中閒失傳，至趙宋諸儒出而後大著。後來儒者漸推漸
擴，或縱或橫，因其體以究其用，而圖書之妙、作易之旨乃更發前人之所未
發。是非前人之智有所不逮、識有所不到也，而論說或有所未及者。蓋當其
時理適如是而已，風會日開，智慧日出，更加以引伸焉、參伍而錯綜焉，舉天
下之事事物物，無不有以要其歸。於是左之右之，皆逢其原，一散而為萬，萬
合而為一，其理可不外索而得，使天之所以開聖人、聖人所以垂示後人者，
其道益大彰顯於時。是乃聖賢格物致知之學，不得視為懸遠者也。向者吾友
戴東原在京師，嘗為余道其師江慎修先生之學，而歎其深博無涯涘也。無使
轍之便，竟不及其在日一親炙之。其著書甚多，流傳於世者尚少。近歸安丁
子小雅館於新安，始攜所著《河洛精蘊》內篇三卷外篇六卷見示，受而卒讀，
凡夫天地鬼神之奧、萬事萬物之賾，罔不摘抉而呈露之。於宋儒邵子、朱子
之說益加推闡，更薈萃明代以及近時諸人之議論而斷其是非，如數白黑然，
洵可謂大而能該、雜而不越者也。通天地人之謂儒，非先生之謂乎？余於前
人若劉長民、胡庭芳、黃石齋之書，亦嘗咀嚼焉，愧未能以竟學。吾師桑弢甫
先生學於姚江勞麟書先生，勞先生之學一本程朱，以致知格物為首務，故其
說河圖洛書也，理與數俱昭晰無遺，即犗而至羽毛鱗角，無不究其形象，較
其同異，推論其所以然之故。其以布衣終老於鄉里亦與江先生同。異哉！天
不愛道，乃使夫二人者皆有以得聖人之精之蘊，而道庶幾乎萬古不終晦矣。
勞先生之書，吾師既壽之梨棗矣。今江先生之書，旌德黃君雲甫復版行之，
使有志於聖學者得循是而有悟焉，是其為賜也大矣，豈獨有功於江氏已乎！
乾隆五十年仲春，盧文弨書於鍾山書院。

〔註15〕又見於《抱經堂文集》卷六，無末「乾隆五十年仲春盧文弨書於鍾山書院」
句。

◎金士松序：先儒九峯蔡氏，謂體天地之撰者易之象，紀天地之撰者範之數。數始於一奇，函三為九，極之九九積，而疇之數周；象成於二偶，二四為八，極之八八積，而卦之象備。惟河圖洛書，象備而數周，故其精蘊可以闡化原而窮事物。後之作者，昧象數之原、窒變通之妙，或即象而為數，或反類而擬象，逞其私智，牽合附會。此聖人之精所以不可得而見，聖人之蘊所以不可得而聞也。婺源江慎修先生，著書滿家，晚尤嗜易，搜擇古今，參以己見，撰《河洛精蘊》一編，凡九卷，分內外二篇。內篇論圖書卦畫之原、先天後天之理、蓍策變占之法，為《河洛之精》；外篇論圖書卦畫所包函，旁推交通，為《河洛之蘊》，自謂為先儒拾遺補缺。宣州黃子雲甫，校而授諸梓。余惟《宋志》說易之書多至二百十三，其能發揮精蘊，間亦有人，而按部以求，存者無幾。且易理廣大悉備，家自為書，人自為說，前之自信為得其精者，久之或又目以為粗，而易之蘊涵天蓋地，悉數之，恐留更僕未可終也。是書於聖人所以則圖書作易之理，尋討本源，獨有領會，多昔人未經言及者。而又引伸觸長，參伍錯綜，以求其合。雖未敢云易之精蘊盡於是，要非深於易者固未易語此矣。我朝易學首推安溪李文貞公，所論著，於《啟蒙》、《本義》多有所發明，貫穿他經，亦多創獲。後如光州胡紫弦宗伯《易學函書》，指畫成圖，妙義環生。海內談易者，得是書讀之，不當與彼二家並傳為易林不朽之盛業歟？時乾隆四十一年歲次丙申花朝，吳江金士松聽濤甫書於京寓之衣石山房。

◎曹文埴序：余童子時，則知吾郡有江慎修先生，蓋閎覽博物君子也。其學無所不通，而尤精核於《三禮》，錫山秦大司寇輯《五禮通考》，多采其說，皆先儒所未及者，故先生雖布衣，而名震公卿間。今皇上命儒臣纂修《四庫全書》，先生著述已得次第進呈，行將流布宇內，凡橐筆侍從者，皆爭先睹之為快。而予不幸丁先大夫憂，倉皇返里，苫凷餘生，方欲尋討先生手訂《喪禮》諸說讀之，以稍贖不孝之愆。適旌德黃君持其所刻先生《河洛精蘊》一書，乞鄙言為序。余棘人也，詎復能從事筆墨之役？況易學探微，譚何容易。顧先生則予夙所向慕者；又黃君他郡人而克表章吾郡潛修之士，是又足感也，其何可辭？爰取其書而諷誦之、紬繹之，乃不禁適適然驚、規規然自失也，其諸南華叟之所謂望洋向若而歎者乎！不若是，奚足以極陰陽之變、洞神鬼之奧、窮古今萬物之情而綜天地人之三才，而謂之通儒耶？昔歐陽永叔以文學為宋代名儒，而詆河洛為怪妄亂經之說。明人歸熙甫亦有志於經術，其於

邵子之學，則欲黜而別之於羲、文、周、孔之外，以為易之原本不如是。是皆未能深求其精蘊，而因即以聖人之道為無事於深求，故云尔也。使其得見是書也，將不自悔其失言乎哉？夫書不盡言，言不盡意，《繫辭》固言之矣。故先天後天之二圖，至邵子而全，至朱子而定，然而後人尚有置喙於其間者，則《繫辭》又曰：「仁者見之謂之仁，知者見之謂之知」，百姓日用而不知易之道固無所不可，而予則以為不知則已，若既曰知之矣，而不能旁推交通，錯綜參伍，以求聖人之精而發聖人未發之蘊，則知者與不知者俱無與於易，而其論河洛也，不過曰「河出圖，洛出書，聖人則之」而已。吁！是向者歐陽氏之所唾棄者也。故必如先生而後可以為知易，而後可以為通儒。然則《三禮》也者猶先生考訂之學，而義理之學則全在乎此書也。書分內外篇，共九卷。乾隆四十有一年歲次丙申夏六月入伏日，竹漢曹文埴拜序並書。

◎自序：天不愛道，地不愛寶，河出馬圖，洛出龜書，天地之大文章也。天以光氣昭爍於三辰，地以精華流衍為五行，其為文章也大矣。復假靈於神物，出天苞，吐地符，示之圖焉，倍五為十而顯其常；又示之書焉，藏十於九而通其變。常者具無窮之變，變者皆自然之常。參伍而列，錯綜而居。天地不自匿其妙道至寶，所以牖聖人而啟其聰明、發其神智，又將有不盡之文章於是乎起也。卦畫者，聖人之文章也。一奇一偶，太極呈焉，儀象生焉，三畫既成，八象肖焉，萬匯該焉。自「天地定位」以至「水火不相射」者，先天之為體也。自「帝出乎震」以至「成言乎艮」者，後天之為用也。先後不可相無，猶圖書不可廢一也。至於八卦相盪六爻相錯，而易道成焉，其書遂能與天地準，彌焉綸焉，冒天下之道焉。其始不過奇偶二畫而已，雖聖人之聰明神智，仰觀俯察，遠求近取，隨處皆可會心，而以天地自然之文章，心領而神契者必尤深。故曰「河出圖，洛出書，聖人則之」，非虛言也。周子曰：「聖人之精，畫卦以示；聖人之蘊，因卦以發。」易不止五經之源，實天地鬼神之奧，此論易之粹言。所謂精者，自然流出，不假智力安排；所謂蘊者，包蓄無涯，不遺精粕煨燼。兩言足以盡易道之妙矣。更探本而言之，卦之精即圖書之精，卦其右契，而圖書其左券也；卦之蘊皆圖書之蘊，卦其子孫，而圖書其祖宗也。余學易有年矣，古今諸儒之說，亦嘗遍觀矣。竊疑聖人之所以則圖書作易者，必有的確不可移易之理，何以先儒言之猶在可彼可此、若合若離之間？則其所以求聖人之精者，豈無遺義以待後人之探索乎？文王作易，以反對為次序，因有反復往來之義，以明天道有循環、人事有變遷，此義甚顯也，何以

先儒言之，乃舍近求諸遠、舍明索諸幽，則其所以發聖人之蘊者，豈無剩義以待後人之補苴乎？夫易道之廣大，聖人屢言之，而未條其事目也。今思之，易前似有易，陳希夷之《龍圖》是也；易中復有易，中爻之十六互卦是也；易後又有易，焦贛之《易林》及後世《火珠林》占法是也。更舉圖書、卦畫同源而共流、旁推而交通者，若算家之勾股乘方、樂家之五音六律、天文家之七曜高下、五行家之納甲納音、音學家之字母清濁、堪輿家之羅經理氣、擇日家之斗首奇門，以至天有五運六氣，人有靜脈動脈，是為醫學之根源，治療之準則者，亦自圖書、卦畫而來。信乎天地之文章，萬理於是乎根本；聖人之文章，萬法於是乎權輿。精固精也，亦何蘊之非精哉？《河洛精蘊》蓄之心者亦有年，今耄矣，暮年歲月，弗忍虛擲也。為先儒拾遺補闕，亦區區之心也。爰電勉成之，凡四閱月，得書九卷，分內外兩篇。乾隆二十四年己卯黃鍾月末復日，婺源後學江永書於虹川書屋，時年七十有九。

◎方昌鎬序：吾郡江慎修先生，覃心經訓，著述極富，而大而天文地理，中更人事，下及小道，如醫卜之屬，莫不考其源流，通其條貫。晚年歸本河洛，撰為《精蘊》九卷。舉凡形上形下，悉皆薈萃於其內，發揮旨趣，曲鬯而旁通之。因想見先生之根極領要，本本原原，即一數之密、一藝之精，無非經術之緒餘，而古聖人作經垂為世教，使萬理萬事之精微廣博，洞然畢貫於一。班史獨推易為六藝之源，周子又以為天地鬼神之奧，其言愈信而有徵也。甲午歲假館蘊真書屋，獲讀是書，黃君雲甫見而愛之，願授梓以廣其傳，為好學深思者助。嗣余北首燕路，是書告竣，黃君郵寄京師，特為識其緣起如此。乾隆四十年，歲在旃蒙協洽塗月，新安方昌鎬霞峰氏謹書誠心堂。

◎跋：聖人則河圖洛書而作易，《易》之為書，廣大悉備，冒天地人之道於六十四卦之中，是所為圖書者，當必有以統卦畫之全，極天文、地理、人事之變，而後聖人得而則之。近讀婺源江慎修先生所著《河洛精蘊》一編，凡卦畫次序、方位、蓍策、變占，一一從河洛而抉其精；以及天文、地理、人事，一一從河洛而闡其蘊。余不敏，誠不能窺其萬一。竊意是編也，不特學易者可以探卦畫之所從來，而得萬理之根本；即言天文、地理、人事者，亦可以悟術數之所自始，而得萬法之權輿，其有裨於後學，非淺鮮也。爰授梓以廣其傳，並識之簡末云。後學黃聖謙雲甫氏跋。

◎沈叔埏《頤綵堂文集》卷六《河洛精蘊序》：先儒九峯蔡氏謂體天地之

撰者易之象，紀天地之撰者範之數，數始於一奇，象成於二偶。奇者數之所以立，偶者數之所以行。故二四而八，八卦之象也；三三而九，九疇之數也。由是八八而又八八之，為四千九十六而象備矣。九九而又九九之為六千五百六十一，而數周矣。又謂後之作者昧象數之原、窒變通之妙，或即象而為數，或反類而擬象，牽合傅會，自然之數益晦焉。噫！此聖人之精所以不可得而見，而聖人之蘊殆不可悉得而聞也歟？婺源江慎修先生，著書滿家，津梁承學，晚尤嗜易。蒐擇古今，參以己見，撰《河洛精蘊》一編凡九卷，分內外二篇。凡論圖書卦畫之原、先天後天之理、著策變占之法，為河洛之精。凡論圖書卦畫所包函推廣他事可旁通者，為河洛之蘊。自謂為先儒拾遺補闕，同里黃子雲甫校而授諸梓。余惟《宋志》說易之書多至二百十三，按部以求，存者無幾，蓋易理廣大悉備，家自為書，人自為說，前之自信為得其精者，久之或又目以為粗，而易之蘊蓄無涯涘則仍自在也。是書於聖人所以則圖書作易之理尋討本原，獨有領會。即如論先天涵後天之位，深得圖書卦畫相為經緯相為表裏之妙。及論後天卦位未必始於文王，皆昔人所未及言者。又外篇論卦變取薛溫其舉蹇解為例，朱子未見其說。他如開方求廉率一法與卦畫陰陽多少適相肖，朱子亦未聞其說。大都得諸引伸觸長、參伍錯綜之餘，洵非深於易者未易語此也。昔朱子稱周子曰：「先生之精，因圖以示；先生之蘊，因圖以發。」薛文清申之，以為精者即無極而太極，陰陽五行男女萬物也；蘊者即包涵無窮之理也；精即太極至精之理；蘊即太極至廣之業也。此精蘊之說之所自昉也。我朝易學推安溪李文貞為先導，其言有曰：「聖人之精，畫卦以示，伏羲之易是也；聖人之蘊，因卦以發，文周之易是也。精謂太極陰陽之本，蘊謂萬事萬物之撰。立象以盡意，故曰示繫辭焉以盡其言，故曰發惟其理之精也，故為五經之原。惟其蘊之富也，故天地鬼神之奧盡矣。」又曰：「聖人之精，盡卦以示。」邵子所謂先天之學是也。聖人之蘊因卦以發，邵子所謂後天之學是也邵子又曰：「先天之學，心也；後天之學，迹也。」心迹二字出《文中子》，不如其言精蘊者意義渾然也。嘗考明儒文佩朱氏（綬）以占筮授受非易道之大，著《易精蘊》一書，自序云：「易有理有象有數，理即蘊之發，象即精之寓，數因一以積。畫卦示象之吉凶，繫辭論理之吉凶。數之吉凶未之明，故立筮人掌三易以辨九筮之吉凶也。」又云：「孔子因先天卦而發己之蘊者，即發伏羲之蘊也；因後天卦而發己之蘊者，即發文王之蘊也。」今學者懵於易則已耳，苟有所得而欲探其奧窔，得不奉二書為司南也歟？！

◎余廷燦《存吾文稿》不分卷《江慎修永傳》：易彖言往來上下者謂之卦變，率以二體內外虛象言之。永則謂上下經俱以反對為次序，卦變及當於反卦取之。凡曰來、曰下、曰反者，皆自反卦之外卦來居內卦也；曰往、曰上、曰進、曰升者，皆自反卦之內卦往居外卦也。

◎葉德輝《郋園北遊文存·與舒貽上論星命書》：命理原出易數，五行生於八卦，納音出於河圖洛書。聖人五十以學易，又曰「五十而知天命」，此天命即《中庸》之「天命之謂性」之命。性者，五行之性。鄭玄注：「天命謂天所命生人者也，是謂性命。木神則仁，金神則義，火神則禮，水神則信，土神則知（按當云水神則知、土神則信，此疑傳寫之訛）。《孝經說》曰：性者，生之質，命人所稟受度也。」此鄭注即說命理。《後漢書》鄭本傳云：「五年春，夢孔子告之曰：起！起！今年歲在辰，來年歲在巳。既寤，以讖合之，知命當終。其年六月卒，年七十四。」本傳又云：「師事第五元，先始通京氏易。」鄭易主爻辰、分野，宜其精於星命之學。聖門易學傳於子夏，故漢易皆以子夏為老師。《論語》子夏曰：「死生有命，富貴在天。」此命理出於易之塙證。鄙人向治漢學，見毛西河、胡胐明及惠氏父子之書力駁河洛之書為道家偽造，初亦信之不疑。及讀江慎修《河洛精蘊》一書，發明河洛體用，乃悟漢學諸老專為門戶之見，竊疑河洛之數，事事皆有先驗，何至兩漢絕無師傳？徐而悟及此學經三國時兵事紛爭，師儒凋謝，至典午一統之後，士大夫崇尚清談，喜治老、莊之學。王、韓以空疏無學之人治易，不獨此等祕密之絕學未見其書，即漢儒所傳卦氣、爻辰亦絕不知考究。意其書為道家私相授受，至北宋仍還之儒家，故其學雖中斷失傳，以唐李鼎祚《周易集解》所引六朝舊注，微言奧義亦復時有蹤跡可尋。漢學家必欲武斷，謂造自北宋初人，此萬不可執為信讞者也。

◎摘錄：

內篇首云：「凡論圖書卦畫之原、先天後天之理、蓍策變占之法，俱載此篇，是為河洛之精。」

外篇首云：「凡論圖書卦畫所包函、推廣他事可旁通，俱載此篇，是為河洛之蘊。」

◎戴震《江慎修先生事略狀》（壬午）〔註16〕：

先生姓江氏，名永，字慎修，婺源之江灣人。少就外傳時，與里中童子

〔註16〕摘自《萬有文庫·戴東原集》第十二卷第二冊，第59頁。

治世俗學。一日，見明丘氏《大學衍義補》之書，內徵引《周禮》，奇之，求諸積書家，得寫《周禮》正文，朝夕諷誦，自是遂精心於前人所合集《十三經注疏》者，而於《三禮》尤功深。先生以朱子晚年治禮，為《儀禮經傳通解》書未就，雖黃氏、楊氏相繼纂續，猶多缺漏，其書非完，乃為之廣摭博討。一從《春官經‧大宗伯》吉、凶、軍、嘉、賓五禮舊次，使三代禮儀之盛，大綱細目，并然可睹於今，題曰《禮經綱目》，凡數易稿而後定。值朝廷開館，定《三禮義疏》，纂修諸臣，聞先生是書，檄下郡縣錄送以備參訂，知者亦稍稍傳寫。先生讀書好深思，長於比勘步算，鐘律聲韻尤明。處里黨，以孝弟仁讓躬先。其於宣城梅氏所言歲實消長，見歧未定也，則正之曰：「日平行於黃道，是為恒氣、恒歲實，因有本輪、均輪高沖之差，而生盈縮，謂之視行。視行者，日之實體所至，而平行者，本輪之心也。以視行加減平行，故定氣時刻多寡不同。高沖為縮末、盈初之端，歲有推移，故定氣時刻之多寡且歲歲不同，而恒氣、恒歲實終古無增損也。當以恒者為率，隨其時之高沖以算定氣，而歲實消長可弗論。猶之月有平朔、平望之策，以求定朔、定望，而此月與彼月，多於朔策幾何、少於朔策幾何，俱不計也。」於《管子》書五聲徵、羽、宮、商、角之序，《呂氏春秋》稱伶倫作律，先為黃鐘之宮，次制十二筒，以別十二律，則據以正《淮南‧天文訓》及《漢書‧律曆志》之謬。其說曰：「黃鐘之宮，黃鐘半律也，即後世所謂黃鐘清聲是也。唐時《風雅十二詩譜》，以清黃起調畢曲，琴家正宮調，黃鐘不在大弦，而在第三弦。正黃鐘之宮，為律本遺意，亦聲律自然，今古不異理也。《國語》伶州鳩因論七律而及武王之四樂，夷則無射曰上宮，黃鐘太蔟曰下宮。蓋律長者用其清聲，律短者用其濁聲。古樂用韻之法既亡，而因端可推。《韓子‧外儲》篇曰：『夫瑟以小弦為大聲，大弦為小聲』，雖詭其詞以諷，然因是知古者調瑟之法。黃鐘、大呂、太蔟、夾鐘、姑洗、仲呂、蕤賓，用半而居小弦；林鐘、夷則、南呂、無射、應鐘，用全而居大弦。此皆合之以《管》、《呂》論聲律相生者，始明也。」先生言樂律，實漢已降二千年莫知關究者如此為書以論。古韻起於吳才老，而昆山顧氏據證尤精博，先生則謂顧氏考古之功多，審音之功淺，正顧氏分十部之疏，而分平、上、去三聲皆十三部。虞屬魚模，又分之以屬侯幽，顧氏未之知也。先屬元寒，又分以屬真諄，而真已後十有四韻之當分為二，考之《三百篇》，用韻劃然，顧氏未之審也。蕭至豪四韻之讀如今音者，一部也，又分之以屬侯幽，在《三百篇》亦劃然，而顧氏未審也。覃至鹽屬添嚴，又分以屬

侵，自侵已後九韻，以侈、斂當分為二，猶之、真已後，當分十有四韻為二
也，顧氏亦一之。侯之正音近幽，顧氏不之審，而轉其讀以從虞，先生蓋欲彌
縫其書。易象言往來上下者，後儒謂之卦變，說人人殊。先生曰：「《周易》以
反對為序次，卦變當於反卦取之。否反為泰，泰反為否，故曰小往大來、曰大
往小來，是其例也。凡曰來、曰下、曰反者，自反卦之外卦來居內卦也；曰
往、曰上、曰進、曰升者，自反卦之內卦往居外卦也。」後儒皆言古者寓兵於
農，井田廢而兵農始分。先生曰：「考之春秋時，兵農固已分矣。管仲參國伍
鄙之法，齊三軍，出之士鄉十有五，公與國子、高子分率之，而鄙處之農不與
也。為農者治田供稅，不以隸於師旅也。鄉田但有兵賦，無田稅，似後世之軍
田屯田，此外更無養兵之費。晉之始惟一軍，既而作二軍，作三軍，又作三
行，作五軍，既舍二軍，旋作六軍，以新軍無帥，而復三軍，其既增又損也。
蓋除其軍籍，使之歸農，若軍盡出於農，則農民固在，安用屢易軍制乎？隨
武子曰：『楚國荊屍而舉，商農工賈，不敗其業。』此農不從軍之證也。魯之
作三軍也，季氏取其乘之父兄子弟盡征之。孟氏取半焉，以其半歸公。叔孫
氏臣其子弟，而以其父兄歸公。所謂子弟者，兵之壯者也。父兄者，兵之老者
也。皆其素在軍籍，隸之卒乘者，非通國之父兄子弟也，其後舍中軍，季氏擇
二，二子各一，皆盡征之而貢於公。若民之為農者出田稅，自仍然歸之君，故
哀公曰：『二吾猶不足』，三家雖專，亦惟食其采邑，豈嘗使通國之農盡屬己
哉？陽虎壬辰戒都車，令『癸巳至』，此又兵常近國都之證。其野處之農，固
不為兵也。後儒為《深衣圖考》者至數十家，大體相踵裳交解十二幅之訛，而
續衽、鉤邊，致滋異說。先生以《玉藻》篇明言「衽當旁」，則非前後之正幅
也。以鄭康成注曰「衽謂裳幅所交裂也」，則在旁名衽者交裂，而餘幅不交裂
也。續衽者，裳之左旁，連合其衽；鉤邊者，裳之右旁，別用布一幅，斜裁
之，綴於後衽之上，使鉤曲而前，以掩裳際，漢時謂之曲裾，故鄭康成注「鉤
邊，若今曲裾也。」經傳中制度名物，先生必得其通證舉視。此蓋先生之學，
自漢經師康成，後罕其儔匹，生平論著之梗概，如上數事，亦足以見矣。卒年
八十有二。所著書《周禮疑義舉要》六卷、《禮記訓義擇言》六卷、《深衣考
誤》一卷、《禮經綱目》八十八卷、《律呂闡微》十一卷、《春秋地理考實》四
卷、《鄉黨圖考》十一卷、《讀書隨筆》十二卷、《古韻標準》六卷、《四聲切
韻表》四卷、《音學辨微》一卷、《推步法解》五卷、《七政衍》、《金水二星發
微》、《冬至權度恒氣注曆辨》、《歲實消長辨》、《曆學補論》、《中西合法擬

草》各一卷,《近思錄集注》十四卷。先生嘗一遊京師,以同郡程編修恂延之至也。三禮館總裁桐城方待郎苞,素負其學,及聞先生,願得見,見則以所疑《士冠禮》、《士昏禮》中數事為問。先生從容置答,乃大折服。而荆溪吳編修紱,自其少於禮儀功深,及交於先生,質以《周禮》中疑義,先生是以有《周禮疑義舉要》一書,此乾隆庚申辛酉間也。後數年,程、吳諸君子已歿,先生家居寂然,值上方崇獎實學,命大臣舉經術之儒。時婺源縣知縣陳公,有子在朝為貴臣,欲為先生進其書,來起先生。先生自顧頹然就老,謂無復可用,又昔至京師所與遊皆無在者,愈益感愴,乃辭謝,而與戴震書曰:「馳逐名場,非素心。」卒不能強起。其後戴震嘗入都,秦尚書蕙田客之,見書笥中有先生曆學數篇,奇其書,戴震因為言先生。尚書撰《五禮通考》,擷先生說入《觀象授時》一類,而《推步法解》則取全書載入,憾不獲見先生《禮經綱目》也。先生家故貧,其居鄉,嘗授《春秋傳》豐年補敗之義,語鄉之人,於是相與共輸穀若田,設立義倉,行之且三十年,一鄉之民不知有饑。自古積粟之法,莫善於在民,莫不善於在官,使民自相補救,卒無胥吏之擾,此先生善於為鄉之人謀者。乾隆二十七年五月,休寧戴震次先生治經要略著書卷數。先生生於康熙辛酉年七月十七日,卒於乾隆壬午年三月十三日,遺書二十餘種,繕寫成帙,藏於其家,書未廣播,恐就逸墜,不得集太史氏,敢以狀私於執事,謹狀。

◎道光《徽州府志》卷十一之三《人物志‧儒林》:《河洛精蘊》二卷。

◎蔡冠洛《清代七百名人傳‧江永傳》〔註17〕:休寧戴震、歙縣金榜之學,得於永為多。永卒後,震攜其書已入都,故《四庫全書》收永所著書至十餘部。尚書秦蕙田撰《五禮通考》,擷永說入《觀象授時》類,而《推步法解》則載其全書焉。

◎《清史稿‧儒林二‧江永傳》〔註18〕:弟子甚眾,而戴震、程瑤田、金榜尤得其傳。

◎《沈氏玄空學》四十八《論諸家得失》:或問:江慎修所著《河洛精蘊》內載地理學說合理否?曰:此書以具體論於河洛之理,可謂考其源流,通其條貫,讀之可悟術數之所自得,萬法之權輿,有裨於學易不淺。惟論地理深中葉九升《地理大成》之弊,不足為訓。

〔註17〕大致取材於戴震《江慎修先生事略狀》,故節錄。
〔註18〕大致取材於戴震《江慎修先生事略狀》,故節錄。

◎江永（1686～1762），字慎修，又字慎齋。安徽婺源（今屬江西）人。少時讀書過目成誦，為諸生數十年，以講學為業，專力於經，尤精三禮。與方苞、吳紱多所論質。與休寧戴震為忘年交，戴之學得其指引甚多。晚年入為貢生。又著有《周禮疑義舉要》七卷、《禮記訓義擇言》六卷、《深衣考誤》一卷、《群經補義》五卷、《儀禮釋宮增注》一卷、《禮書綱目》八十五卷、《律呂闡微》十卷、《律呂新論》二卷、《論律呂》二卷、《鄉黨圖考》十卷、《春秋地理考實》四卷、《古韻標準》四卷、《近思錄集注》十四卷、《算學》八卷、《續算學》一卷、《儀禮釋例》一卷、《四聲切韻表》四卷、《考訂朱子世家》一卷、《四書古人典林》十二卷、《河洛精蘊》九卷。

江有誥 易經韻讀 一卷 存

鈔本

嘉慶十九年（1814）刻江氏音學十書本

1928 年中國書店影印江氏音學十書本

山東藏 1934 年渭南嚴氏刻音韻學叢書本

1957 年四川人民出版社重印渭南嚴氏音韻學叢書本

山東藏臺北成文出版社 1976 年無求備齋易經集成影印嘉慶十九年（1814）刻江氏音學十書本

◎刻羣經楚辭先秦韻讀凡例：

古音與今音，異讀之字，非注不明。《詩經》逐字注釋，一字或至數十注，微傷繁瑣。茲三種每字止于初見一注，其餘從省。讀者或忘其音，每卷有古音總釋附錄于後，可檢閱之。

前人誤以本音為叶音，陳、顧諸公糾之篤矣。但《詩》《易》《楚辭》間有通用合用之章，先秦、兩漢並有借韻。雖不知古音的如何讀，然今日非叶則音韻不諧。故仍從字母轉紐以叶之。但有字從今音可諧，而古則非正音，如裘字今音求，古音其既，以其音為正，則讀求者仍須從叶；明字古音芒，今音鳴，既以芒音為正，則讀鳴者仍須從叶。讀者慎勿怪今音可諧而多此一注也。

易經古本象象傳不與卦爻辭連屬，王弼因誦讀不便而離析其文，以附其下。于乾卦仍存古本之舊，但象傳離析則音韻全乖。吾歡吳氏著《周易集註》，六十四卦悉照乾卦例，誦讀既便，而古韻不失，茲編仍之。

◎江有誥，字晉三。安徽歙縣人。精音韻之學。道光末，稿遭回祿，老而目盲，鬱鬱而終。著有《詩經韻讀》、《群經韻讀》、《楚辭韻讀》、《先秦韻讀》、《漢魏韻讀》、《唐韻四聲正》、《諧聲表》、《入聲表》、《二十一部韻譜》、《唐韻再正》、《唐韻更定部分》，總名《江氏音學十書》。晚歲又著《說文六書錄》、《說文分韻譜》。

江源 理氣集成 佚

◎道光《徽州府志》卷十一之四《人物志・文苑》：江源，字逢也，號一齋。安徽歙縣江村外村人。邑庠生。推誠砥行，績學工文。著有《引翼集》。其居於江村裏村，又有名源者，初名之源，字逢其，亦邑庠生，精河洛之旨，究堪輿之奧，著有《理氣集成》等書。

江志修 周易周禮表注 佚

◎道光《徽州府志》卷十一之四《人物志・文苑》：致力經史，有《周易周禮表注》，復有《讀漢書筆記》。

◎同治《黟縣三志》卷十二上《雜志・書籍》：江志修《周易周禮表注》。

◎同治《黟縣四志》卷十二《藝文志》上《經部》：江志修《周易周禮表注》。

◎江志修，字晉卿。安徽黟縣蓬廈人。歲貢生。工詩文。

姜安節 易學待旦 一卷 存

天津藏清無格鈔本

◎周按：《中國古籍總目》誤作姜節。

◎嘉慶《宣城縣志》卷二十七、光緒《宣城縣志》卷三十五：《易學待旦》《千秋樓詩文集》，竝姜安節。

◎嘉慶《寧國府志》卷二十《藝文志・書目》：《古大學釋》《易學待旦》《孝經正義》《仰幸錄》《千秋樓詩文集》，竝姜安節著。

◎光緒《宣城縣志》卷三十五《載籍》：《易學待旦》《千秋樓詩文集》（竝姜安節著）。

◎姜安節，字勉中，學者稱茲山先生。與實節均為萊陽姜垓子，垓謫死宣城，遂移籍宣城。又著有《古大學釋》《孝經正義》《白雲詩文集》《永思堂詩鈔》。

姜秉深 周易集說 佚

◎孫葆田《山東通志》卷百二十七《藝文志》第十：是書見採訪冊。

◎光緒《昌邑縣續志》卷六《人物》：著《學庸管窺集》《論孟集解》《周易集說》《春秋詁題》。

◎姜秉深，字靜淵。山東昌邑太盈社人。弱冠中嘉慶戊辰舉人。杜門教授，以解經作文為樂。為制藝千餘篇，膾炙人口。又著有《春秋詁題》《論孟集解》《學庸管窺集》。

姜丹書 學易筌蹏 三卷 附錄一卷 佚

◎光緒《黃巖縣志》卷二十五《藝文》：《學易筌蹏》三卷附錄一卷，國朝姜丹書撰。丹書深於易學，晚年根究漢儒之說，為此書一卷、《經文古義》二卷、《大傳古義》三卷、《外傳古義》。以大象歸經文，以《彖傳》《象傳》《文言》《繫辭》《說卦》為《大傳》(以《說卦傳》「昔者聖人之作易也」二節歸於《繫辭》之末，從宋周燔說也)，以《文言》「潛龍勿用，下也」及「潛龍勿用，陽氣潛藏」二章為《象外傳》(亦從周燔說)，以《文言》「元者善之長也」以下八節及《繫辭》「鳴鶴在陰」七節、「《易》曰：自天祐之」一節、「憧憧往來」十一節為《文言外傳》(從明湛若水說)，又取《繫辭》「易其至矣乎」兩節、「知變化之道者」二句、「易有聖人之道四焉」八節、「書不盡言」四節、「是故易者象也」二節、「乾坤其易之門」二節、「《易》之為書也，廣大悉備」四節為《繫辭外傳》，及《序卦》《雜卦》俱為《外傳古義》。至經文字句亦多從古本，與《註疏》《本義》不同。附錄一卷則孟氏卦氣、鄭氏爻辰、荀氏升降、虞氏納甲、京氏世應，皆漢儒專門之學也。

◎民國《台州府志》卷六十四《藝文略》一：今王棻家有鈔本。

◎光緒《黃岩縣志》卷十九《人物志》三《忠義》：著有《古文管見》《周易筌蹏》。

◎姜丹書，字世銘，號冊言。浙江黃巖東禪巷人。廩生。尤邃於易。又著有《古文管見》八冊，遭寇散佚。

姜丹書 周易古義 存

山東藏咸豐鈔本

◎一名《學易籤障》。

姜國伊 周易古本撰 十二卷 首一卷 末一卷 存

湖北藏同治光緒刻守中正齋叢書本

四川藏光緒十三年（1887）成都姜進七祠刻本

◎姜國伊，字尹人。四川郫縣人。光緒十二年（1886）舉人。著有《周易古本》、《尚書注》、《詩經詩無邪序傳》、《儀禮注》、《春秋傳義》、《孝經述》、《論語述》、《家語正》、《大學古本述註》、《中庸古本述註》、《孟子述註》、《讀書別墅文存》、《孔子家語》十卷、《蜀記》一卷、《頤說》一卷補說一卷、《神農本草經經釋》一卷、《姜氏醫學叢書》、《經說》二卷、《經問》一卷、《癸甲乙記》一卷《丙申續記》一卷《丁酉續記》一卷、《天道問》一卷、《內經脈學部位考》一卷、《尹人詩存》一卷附賦話對聯不分卷、《尹人文存》二卷、《尹人制藝存》一卷、《守中正齋叢書》二十二種。

姜麟士 講易要言 佚

◎道光《重修蓬萊縣志》卷之十三《藝文志》：著有《緣象闡微》一編、《講易要言》八章藏於家待梓。

◎孫葆田《山東通志》卷百二十七《藝文志》第十：《府志》載《緣象闡微》，謂其書演《易林》之旨，解「需：三人來」，頗失之鑿。然通以寡過為宗，則有合居象玩辭、居變玩占之義。《要言》凡八章，見徐壽名所撰傳。

◎光緒《增修登州府志》卷之四十三《文職》：著有《緣象闡微》《講易要言》。

◎姜麟士（1738～1824），字振趾，號麒山，別號六一。山東蓬萊人。諸生。歿年八十六。嘗自推其亡日。

姜麟士 周易緣象闡微 佚

◎孫葆田《山東通志》卷百二十七《藝文志》第十著錄。

◎光緒《增修登州府志》卷六十一《藝文》：此書演《易林》一卦具六十四卦之旨，以三家瞳人解需三人來，則鑿而鄙矣。然通以寡過為宗，則有合於居象玩辭、居變玩占之意。

姜其垵 周易古本集注 十二卷 首二卷 末三卷 續編二卷 存

山東博物館藏清鈔本（首一卷末一卷續編一卷）

山東文獻集成第二輯影印山東博物館藏清鈔本

◎孫葆田《山東通志》卷百二十七《藝文志》第十：其書移大象於各卦經之下、《彖傳》之上，用宋九江周燔說；以《彖傳》、《象傳》、《乾文言傳》、《坤文言傳》、《繫辭》上下、《說卦》、《序卦》、《雜卦》為《十翼》之次，用宋胡旦說；末附《麻衣正易心法》及《筮儀》，並《本義》所列諸圖，及焦氏《希夷卦氣》、衛氏《卦次納甲麻衣》，反對來氏錯綜諸圖，皆為之說。《府志》載之，稱其「主於象數，而不墮外道」。

◎光緒《增修登州府志》：此本乃丙子年被劾在昆明所著。自序謂本其父宗海所手授。

◎姜其垓，字萊西。山東黃縣人。康熙辛酉舉人，二十一年（1682）進士，知雲南易門縣。

姜以焰 易經集解 佚

◎孫葆田《山東通志》卷百二十七《藝文志》第十：是書見《採訪冊》。

◎姜以焰，號省伏。山東文登人。姜模子。諸生。

姜兆錫 周易本義述蘊 四卷 考義一卷 圖說一卷 卦歌一卷 首一卷 存

北大、上海、浙江、遼寧藏乾隆十四年（1749）姜氏寅清樓刻九經補注本

四庫存目叢書影印乾隆十四年（1749）姜氏寅清樓刻九經補注本

◎一名《周易述蘊》。

◎目錄：卷一上經。卷二下經。卷三繫辭上傳、繫辭下傳。卷四說卦傳、序卦傳、雜卦傳。

◎易圖目：河圖圖、洛書圖、伏羲八卦次序圖、伏羲八卦方位圖、伏羲六十四卦次序圖、伏羲六十四卦方位圖、文王八卦次序圖、文王八卦方位圖、卦變圖。

◎周易本義述蘊序：易之為道至矣。古易分為四而道彌大，今易合為一而道彌隘，其故何也？則以周子聖人之精，畫卦以示聖人之蘊，因卦以發之義揆之也。夫分為四者，伏羲之畫卦、文王之繫彖、周公之繫爻、孔子之翼傳。凡其為易，不苟異亦不苟同，而各自為其書也。合為一者，以文王之彖綴伏羲之卦，以周公之繫象綴文王之彖，且以孔子之翼傳綴文王、周公之彖與象。其於易，同其同，亦同其所不同，而其為一書也。今謂聖人之精而不遞闡夫聖人之蘊者，陋也。由精推蘊，此道之所以彌大也。謂聖人之蘊而必曲附

于聖人之精者，妄也，以蘊束精，道之所以彌隘也。程子《易傳》從今易，朱子《本義》倣古易，而明初以《本義》附《易傳》之序，後又去《易傳》而存《本義》。茲四明洪氏所謂《本義》之序亦今經者與？而《本義》古易之序遂失矣。錫竊不自揣，通古今易而折其中，於合之中得分，則即一本而萬殊之義備；於分之中得合，則即萬殊而一本之義存。故今于畫卦之後繼以彖辭彖傳，于彖辭彖傳之後繼以象辭象傳。而乾坤二卦又于彖傳象傳之後各繼以文言，則分猶合也。而初不于周公象辭之下，各加孔子小象之象曰于其中，則合猶分也。凡此繼大小象傳于彖傳，一本諸今易乾卦之例；繼彖傳于彖辭，一本諸今易坤卦之例。則初未敢遽違夫眾也。然不至如今易之乾卦以各彖傳繼象辭之後，如今易之坤卦以後以大象傳列爻辭之前，又以小象各爻傳列各爻辭之間，則亦不敢姑狥夫俗也。夫如是，庶可以推四聖之蘊，即可以推《本義》之蘊，而自《程傳》以上及於註疏諸儒之蘊，無不可推矣。若夫《繫辭》上下傳與《說卦》《序卦》《雜卦》諸傳，則又皆不附經而可詳推其蘊者也。故今于經義傳義之蘊，以述者述之，亦間以不述者述之，凡皆述先儒以述先生云爾。然則愚所望于來者之述之也，又安有窮乎？又安有窮乎？乾隆甲子季冬，後學丹陽姜兆錫序。

◎刻周易述蘊始末錄：《周易述蘊》之刻，先君之志也。諸經已問世者勿復述。歲甲子，《周易述蘊》書成，既自為序。明年，又加釐正，將付梓。秋疾篤，允重偕弟鳴遠暨兩男朝衡、朝奭侍，先君目允重而呼曰：「我兒刻經，刻經！」諄命若此。蓋十三經除《論》《孟》二書，所未刻者獨此耳。故此志極不忘也。先君少治《詩》，庚午舉經魁，遂遍輯羣經，尤嗜易。嘗體坤卦「敬以直內，義以方外」二語，內外夾持，以謂敬義存亡即吉凶所由消長，此意常自警省。其他一字一句發揮旁通，引伸觸類，無不尋繹其蘊，加按語以明經。又手畫《周易圖考蘊義約》二卷，皆今本所無，另為一編。今序目悉依舊圖，所增定者，一十翼考，一序卦歌而已。若每卦經文前後分合與與原書小有異同，則亦本朝《周易折中》不從王弼今易之意。自序及《十翼考》言之蓋詳。此平生學易之所得也，然而允重若弗克承者何也？竊惟《周易》一書，其言吉凶悔吝，濂溪以為教人慎動，大旨最明，獨其彙義、文、周、孔之精蘊，參象數而推時義，極變盡神，即一卦六爻之中正應與以例他卦之吉凶，多未可臆斷。則雖精以卦示、蘊因卦發，有非允重所得望見者。況原書舊有脫誤，《述蘊》又先君衰年遺藁，脫誤恐亦時有。每念及此，皇然久

之,懼弗敢承。緣刻友徐遵王鋟九經印板舊文,極知先君志,屢相促,且詰曰:「老先生辭世四年,《易經》之刻,其遲矣。若又遲之,誰將諉耶?」卒無以應,遂校而付梓焉。夫前此所刻諸書,或三四易其橐,甚至五六易者有矣。先君猶自視欿然,冀當代有道指示掛漏,俯成聞過則喜之志。茲刻也,允重雖勉遵遺命,顧一再校閱之下,無復能侍先君面質之。先君鑒茲,能無深冀有道者之代為指示乎哉?岂乾隆十四年孟夏,允重附識於《周易述蘊》序後。

◎光緒《重修丹陽縣志》卷二十:凡先聖遺經、先儒注疏,兆錫皆能集其成。乾隆丁丑,其孫奭獻其書於朝,四庫館俱存目。祀鄉賢。著《九經集註》行世。

◎光緒《重修丹陽縣志》卷三十五《書籍》:姜兆錫《周禮輯義》十二卷、《禮記章義》十卷、《儀禮經傳內編》三十二卷《外編》五卷(舊志作《三禮輯義》四十九卷)、《尚書蔡傳參義》六卷、《春秋胡傳參義》十二卷、《公羊穀梁彙義》十二卷、《春秋事義慎考》十四卷(舊志作《春秋參義慎考公穀彙義》三十八卷)、《孝經本義》一卷、《爾雅參義》六卷、《詩經述蘊》四卷、《易經述蘊》四卷、《周易蘊義圖考》二卷(見《欽定四庫全書》附存目錄)、《家語正義》十卷、《孔叢訂義》五卷(舊志又《周易通考》《古今喪服考》《大戴禮刪翼》等書藏於家)。

◎摘錄至聖十翼考義:至聖學易,厥有十翼。而晚世之習易以應試者,或白首于易而不知十翼之目,其何故也?有古易有今易,得古易之分者以合,煩者以簡;得今易而古易之明者以晦,理者以亂。此其所以白首于易,而于十翼莫之知也。何謂古易?有伏羲之易,有文王之易,有周公之易,有孔子之易。伏羲之易有卦無文,文王之易有彖,周公之易有爻,而皆無傳;至孔子而乃以十翼傳之。翼者羽翼也,所以翼經也。凡此書不一聖,聖不一時,皆各自為書,此古易也。而後世合羲、文、周、孔而為一易,合卦彖爻傳而為一書,此今易也。夫今易既合,而其錯列于前者,于是每卦之彖辭有傳,每六爻又有傳。六爻謂之小象,有傳矣。而冠于六爻之上者謂之大象。復有傳繼于《彖傳》、大小《象傳》之後者,復有《文言/彖/象傳》,由是推之,則傳入蝟立,而翼且數之不勝數矣。若其總列于後者,則不過《繫辭》上下、《說卦》、《序卦》、《雜卦》五傳而已,而翼又闕如也,烏在其為十翼者乎?古易異于是。考《漢書》伏羲畫卦以後,文王繫彖,周公繫象,其為上下二篇,謂

之正經。孔子翼之，以上下《彖傳》、上下《象傳》、《文言傳》、上下《繫辭傳》、《說卦傳》、《序卦傳》、《雜卦傳》共為十篇，謂之十翼。其後而商瞿、梁丘賀移上下二《彖》于各卦之後，鄭康成復移《文言》于乾坤之後，王弼又移上下《象傳》于各卦之後，經此數變，而經與繫辭非復翼之舊矣。嗚呼！宜其亂也。自是以後，十翼之名，言人人殊，至明王文恪公始釐為十篇，如古之數。今列其次，當為《彖傳》上一、《彖傳》下二、《象傳》上三、《象傳》下四、《文言傳》五、《繫辭傳》上六、《繫辭傳》下七、《說卦傳》八、《序卦傳》九、《雜卦傳》十。《彖傳》、《象傳》本皆一也，而分為上下者，蓋因上下經分之，或曰以篇帙繁重分之，無他義例也。《繫辭傳》上、《繫辭傳》下亦畧如之。

◎摘錄至聖十翼考義跋：錫始為此考，考自明王文恪公也。而國朝李文貞公《觀象》云：「按《漢書》本為經二卷傳十卷，自費直始以《彖傳》、大小《象傳》、《文言傳》總綴于各卦彖辭、象辭之後，又其後王弼自坤以下始以小象傳分綴于各爻之後，而又于《彖傳》、《文言傳》、大小《象傳》之上，各加『彖曰』、『象曰』、『文言曰』之屬以別之，非其舊矣。朱子《本義》據《漢書》，凡『彖曰』、『象曰』、『文言曰』之類為王弼所加者，悉皆刪去，各復其舊。永樂中，仍如王弼所分，古易遂不可復，即今現行之易也。」據李文貞公所考，又與王文恪公不符，疑文貞公為得其寔。附識于此。

◎姜兆錫，字上鈞，別號素清學者。康熙庚午舉人，官中書，改蒲圻令。親老告歸，生平究心性理經學。又著有《孔叢子正義》五卷、《家語正義》十卷、《夾齋文集》不分卷、《至聖年表正訛》一卷、《至聖像記》一卷。

姜兆錫 周易蘊義圖考 二卷 佚

◎四庫提要：是編主先天之學，皆根柢圖書，演錯綜互變之旨，大抵推闡舊說也。

蔣本 周易集註 無卷數

◎光緒《武陽志餘》卷七《經籍》：《周易集註》（無卷數）

國朝處士蔣本虞仁撰。本又字根菴，陽湖人。好讀易，自幼至老，寒暑不輟。作《周易集註》，三易其稿，閱十二年始成。

《經籍錄》：是書稿本未刊，無卷次序目。大旨以《程傳》為宗，間採後儒之說。論頗純粹，註亦簡淨，蓋亦科舉家學也。

◎蔣本，字根庵。江蘇毘陵（今常州）人。

蔣本 周易賸義 一卷 存

國圖、北大、浙江、天津、上海、山東、遼寧、湖北、南京、中科院藏道光十年（1830）檇李王氏信芳閣活字《周易遵述》本附

四庫未收書輯刊影印道光十年（1830）王氏信芳閣木活字印本

◎周易賸義序：《易》之為書也廣大悉備，含天地，孕萬有，放彌六合，退藏宥密，其義固無窮也。然自伏羲畫之，文王彖之，周公象之，孔子翼之，漢唐宋明諸儒註之疏之、傳之說之，所謂廣大悉備者亦幾于無賸矣。本旅食四方，客中每以自隨，欲以自為攷證，非僅卜趨避、資講說也，故於動占靜玩之餘，不敢戲渝，不敢怠慢。或因端而抽其緒，或觸類而通其餘，微者顯之，岐者一之，積而成峽，名曰《賸義》。賸義云者，明其為先儒之義而非一己之私也。因思天地陰陽之秘、盈虛消息之幾，於伏羲一奇一偶盡之，文王之彖，彖伏羲之賸也。周公之象，象文王之賸也。孔子之翼，翼文周之賸也。以至歷代諸儒之註之疏之傳說，則賸之而又賸者矣。然其間言理言象，洩天人之秘，發神聖之藏，莫不各有因故，生新之妙而後嘆廣大悉備者，真取之不盡用之不竭也。庚寅、壬辰間，《周易遵述》成，《賸義》其筌蹄耳。棄之可惜，因略為刪補而存此後有讀者溯本窮原，說心研慮，而得身心性命之歸，則是編也，賸而非賸，何莫非岱之配林河之滹沱也乎？

蔣本 周易遵述 不分卷 存

中國科學院、山東藏道光十年（1830）檇李王氏信芳閣活字本

四庫未收書輯刊影印道光十年（1830）王氏信芳閣木活字印本

◎總目：上經、下經、繫辭上傳、繫辭下傳、說卦傳、序卦傳、雜卦傳、筮儀、占法、占驗、圖說、賸義。

◎周易遵述序：凡苦心好學者，天必有以成之；凡誠心好義者，天必有以報之。王子惜菴、陸子春堂與余未嘗識面，而素聞其好義。己丑重九前五日枉顧，携書一編，顏曰《周易遵述》，謂余曰：「此淮陰故書堆中所得者，將欲付梓，君深於易，請弁言簡端。」余慚謝不獲，取而讀之。其人題毘陵蔣本，夾注曰：「癸巳再定，根菴自寫其書」。則取正不取奇，取精不取多，取大不取巧，宗宋儒之理而不廢漢儒之象，以近人之注較之，如葉氏佩蓀以移易為宗旨而不取變易；蘇氏秉國以變易為宗旨而不取交位；連氏斗山兼取交易、

移易而於不易之義則失；黎氏世序本日月為易之義，專取爻位為坎離，而於周流之義則失；晏氏斯盛不取圖書之說，並互體而廢之；任氏啟運則以河圖之五十為全易之要；李氏塨則全刪卦氣之類而專主互體；孫氏宗彝引易歸禮，於易之中無所專主，轉專主於易之外焉。諸書皆執乎一偏者也。此編惟爻不取變是其一缺，然於豫之上、睽巽之五亦嘗及焉。是知其無適無莫，惟義所在。噫！根菴蓋苦心好學之士也。計其成書之日至今垂六十年，其人蓋沒世久矣，不知其書何以落於淮陰，乃竟為惜菴、春堂所遇，以壽諸梨棗。今夫學人欲著一書，俯首一室之中，抗心千古之上，搦管含毫，不知幾費經營矣。及其既成，或紙貴一時，或糊窗覆瓿，或傳而不久，或久而後彰，此其中蓋有天焉，非人力可與。然而天實無親，栽者培之，當其落筆之時，一己之精神固足自擁護於千百年之後，天耶？人耶？即如此書，根菴與惜菴、春堂兩相誰何之人也？乃有此遇合，豈非天於冥漠中有以成夫苦心好學哉？噫！惜菴、春堂好義如斯，不知天又將何以報之。道光九年小春月朔，陳錦鸞畫羽拜譔於安玩草堂。

◎刊周易遵述敘：夫易，伏羲畫之以著其象，文王演之而定其占，其理至大，其用至神，發千古未發之秘，非聖人孰能知其幾哉？是以周公贊其爻而孔子繫以傳之，二聖乃真能注易者也。且以孔子天縱之才猶韋編三絕，今讀十翼，流連唱嘆，有言外不盡之神，後世人何可輕言注易哉？漢時注者數十家，精者宗尚元虛，粗者競為浮誕，惟魏王弼言為近理，而宋儒宗之，少歸純正，然各執一偏：程子主義理而畧象數；朱子由象數而參義理；邵子則本於自得，不必引用解說，詣之雖精而說有未詳。殆於藏往知來有所未盡歟？迨其後諸儒皆本程朱，參互考訂，人各異說，總之議論多而定見少，後之學者，靡所適從。內弟陸君春堂寓讀於余信芳閣中，攜有《周易遵述》一編，與余子炯、甥錢侍辰朝夕講誦，頗覺明晰。余取閱其書，皆取古人訓詁之純正者而發明之，著曰「毘陵蔣本學」，又注「癸巳重定，根菴自寫」，蓋手書細注未刊本也。問之春堂，曰得於淮陰故書肆中。竊慨夫根菴之殫精畢世無以永其傳，而此一線之存僅僅未至湮沒者，適與余遇，因付剞劂以共海內。噫！易之理微，說者實繁，但求其言無疵謬、義歸條貫，庶後學得所指歸，若夫探賾索隱，動欲掩前人而矜獨得者，非某所敢知也。刊成，竝識其緣起云。道光十年庚寅夏五月，檇李王相惜菴甫。

◎原序：六經之書廣大精微，千百世才人學士搜討尋究莫能窮，而易之

一書為最。伏羲畫卦，天地人三才之道俱備，其中文王演彖、周公繫爻、孔子作傳，而趨吉避凶之義著。漢儒於易多言數，至魏王弼專言理。然就易言之，數在理之先，理在數之內，故朱子《本義》兼理與數言。昆陵蔣君出其先大父根菴先生手著《周易遵述》示予，義宗紫陽而詞旨詳悉，兼采諸家之說以補朱子之所未備，如「豶豕之牙」取劉濂湖說，以牙為小豕；「咸其脢」采王弼，以脢為胸膈之間；項安世喉中梅核名三思臺，其義自精。《賸義》一卷採擇尤廣。是固足為學易者之津梁而當家置一編者也。遷春言河內范公乙青與其尊甫為莫逆交，將以此書付梓。余聞根菴續學工文，屢試不遇，乃棄去，專以著述為事。此書傳其足以不朽也夫！嘉慶十有六年歲在辛未孟秋之月，後學侯廷銓拜書。

◎周易遵述後序：壬辰夏，《周易遵述》成，或有以與程朱不同為病者。余曰：易原不同，易不可為典要也；易無不同，率辭揆方，既有典常也。伏羲由儀象而八卦，文王則父母六子，是文不必同于羲。文之繫辭以卦之不變言，公之爻辭以爻之已變言，是公不必同于文。孔子《序卦傳》序文卦也，而《雜卦傳》又不同于文，後世說易之最精者莫如程朱。程于卦變主泰否言，朱子則另為卦變圖，是朱又不同于程。然則其不同者，即無當於易乎？而非也。人心莫不各有一易，以我之易合人之易，庸有不同；以心之易印古聖人之易，則無不同。不觀之于木乎？木本一而枝萬，與枝不相浹，而反之于本則同。不又觀之于水乎？水原一而派萬，派與派不相入，而溯之于淵則同，是則朱與程可不同，而程、朱之與周、孔無不同，周與孔可不同，而周、孔之于羲、文無不同，各率其辭，同揆其方，典常在是，典要亦在是。故吾夫子曰：君子以同而異。然則予之于程朱也，何害乎不同，又何有乎不同。

蔣承曾　周易明辭說　佚

◎自序略曰〔註19〕：《繫辭傳》曰：「易有聖人之道四焉：以言者尚其辭，以動者尚其變，以制器者尚其象，以卜筮者尚其占」，不言數者，極其數遂定天下之象，數兼于象也。古之學者備此五者，故有推步、氣候、律曆之學以知數，有正卦、互體、俯仰之學以觀象，有卦變、時來、消息之學以察變，有五行、世應、游魂、歸魂之學以考占，有訓詁解釋之學以備辭，皆易中之支流餘裔也。鄭氏康成言象數而遺義理；李氏鼎祚專用象變三十餘家而不及義；王

〔註19〕錄自光緒《武陽志餘》卷七《經籍》。

氏弼盡掃象變，不用古注，專釋其義；孔氏穎達頗躓之。宋儒多言義理而略象數，如蘇氏軾尚云未通其數，惟邵氏雍妙悟神契，理數兼得。而尤可宗者李氏綱《梁谿易傳》云：「聖人極數以宗象，立象以盡意，象數者，易所自作，而義理寓焉。舍象數以求意，猶舍筌蹄而求魚兔、捐麴糵而求酒醴也。」旨哉言乎！余寢饋于是三十年，涉獵前注，去雜取醇，由博返約，于辭則明變與象占，未云徹也。爰疏其說，而以《明辭說》名之。所引前人說，不錄姓氏，而唐之張氏弧、元之來氏知德、明之錢氏一本尤多程朱，人所共知，不之引云。

◎光緒《武陽志餘》卷七《經籍》：《周易明辭說》，國朝蔣承曾撰。

蔣芾 易解心燈 六卷 存

北師大藏四川西昌蔣氏和樂堂 1923 年鉛印本

◎同治《泰和縣志》卷十八：著有《易解心燈》。

◎同治《泰和縣志》卷二十二：《易解心燈》，蔣芾撰。

◎光緒《江西通志》卷九十九《藝文略》一《國朝》：《易解心燈》六卷，蔣芾撰（《吉安府志》）。

◎蔣芾，字子龍（隆），號鶴汀。江西泰和蔣江口人。諸生。明唐王建號，時有總兵官陳顯達起義兵，從楊閣部廷麟於贛，辟士龍為參謀。事敗，閉戶不與人世事。

蔣艮 蔣氏易說 六卷 存

新鄉藏光緒三十二年（1906）鈔本

◎自序略謂：程子之言曰：孟子踐履盡易。竊謂踐履盡易乃可謂學易矣。蒙幼喜讀易，不敢問津於高遠，唯於其卑且近者時尋繹焉。少有所解即劄記之，隨亦散失。今秋病起，慨然自悼所學之無成，乃取近年筆諸簡端者，另錄成冊。極知鄙陋無當於經，然皆一時心得之真，偶一瀏覽，輒怦怦動於中，冀他日因其端而益引其緒，或於踐履少有裨焉。是用存之，以備遺忘云爾。

◎是書以《易》為講學之書，多取程朱之說，主義理而不主象數。

◎蔣艮（1827～1910），字仲仁。河南商城人。光緒六年（1880）進士，選庶吉士，授編修，入直上書房，充武英殿纂修，教習庶吉士。以父憂去官，主大梁書院。事蹟具《中州先哲傳・名臣》。

蔣光昌 讀易管窺 佚

◎嘉慶《全州志》卷八《人物上·蔣光昌傳》：所著有《讀易管窺》《夏蟲吟》，論者以為能云。

◎蔣光昌，字載錫。廣西全州大路下人。蔣鵬子。康熙辛卯（1711）舉人。屢舉不得志，益發憤，研經史攻詩古文。後授經海邑。兄兆昌嘗令尤溪，繼調海澄。

蔣光祖 周易本義輯要 四卷 存

國圖藏清鈔本（書眉有朱筆批點）

南京博物館藏稿本（三卷）

◎蔣光祖，字孝培，又字岵民，號玉峰。蔣蒔子。浙江嘉善人。肆力於學，工書法。馮元濟延為子師。又著有《春秋三傳輯要》。

蔣光祖 周易翼義 佚

◎光緒《重修嘉善縣志》卷二十四《人物志》六《文苑》：刻有《南巡進呈稿》及《周易翼義》《杜陵綺語》行世。

◎光緒重修《嘉善縣志》卷三十《藝文志》一：《周易翼義》（戈志。國朝蔣光祖著）。

蔣衡 讀易私記 佚

◎民國《重修金壇縣志》卷九之四《人物志》四：鍵戶十年，恭寫十三經進呈，奉旨刊石立國學，賜上用緞二匹，授國子監學正。著有《拙存堂詩文集》六冊及《讀易私記》。

◎民國《重修金壇縣志》卷十一《藝文志》：《讀易私記》（國朝蔣衡撰）。

◎蔣衡（1672～1742），一作蔣蘅，名振生，字拙存，號湘帆，晚年又號江南拙叟、潭老布衣。江蘇金壇人。康熙恩貢。家世精書。雍正四年（1726）授英山教諭，力辭不赴。至乾隆二年（1737），手書《十三經》告成。乾隆五年，江南河道總督高斌轉呈朝廷，次年授衡國子監學正。乾隆五十六年諭旨以蔣衡手書為底本刻《乾隆石經》於太學。道光十年崇祀鄉賢祠。又著有《拙存堂文集》、《拙存堂臨古帖》二十八卷。

蔣衡 易卦私箋 二卷 存

國圖、浙江、湖北、山東、遼寧、中科院藏嘉慶元年（1796）蔣和刻本

◎拙存堂文集原序：華陽蔣拙存先生年七十矣，淡於名利，不從時好，人咸謂之狂，蓋狷者也。善讀書，工書法，五十以國恩為貢生，屢困場屋，遂棄舉業，西入秦，摩挲碑洞諸石刻，慨然曰：「十三經皆當時經生書，非歐、虞筆也。中有舛誤，且多殘缺。當今聖天子崇儒重道，必校正，獨力重書，庶佐文明之治於萬一。」遂矢志鍵關。時銓選廣文，固辭。制府檄試鴻博，亦不赴。歷一紀，書成。適遇知愛者，為圖裝潢。余見之，驚且喜，乃奏呈御覽，今藏之內府，聞者俱以為奇。嘗告余曰：「某幼失學，家赤貧，衣食於奔走。經史百家未嘗一寓目。今老矣，閱《周易》，疑先儒謂四聖人各為己說，惡有舍六畫而自發論之理？因作《易卦私箋》，會《彖傳》、《爻辭》、大小《象》之旨歸於一致，為前賢所未道及。」其《讀詩疑》則以興比為主，不槩遵小序，亦不盡廢所見，亦有妙理。至所為敘記傳志，必因其人忠孝節義至性至情略有可取，然後為之表揚。縱有過情，必非無實，故其於先人諱日，齋戒七日，泣血告哀，歷數十年如一日，著為詩文，沈痛俳惻，使讀者心酸淚落。《詩》云：「孝子不匱，永錫爾類」，其是之謂乎？若其說詩題跋尺牘諸篇，絕非時習蹊徑，今持所刻請序，因為記其大槩如此。乾隆辛酉中秋，東軒高斌書。

◎蔣和序：先儒論易，謂四聖人各為己說。吾祖疑之，因會《彖傳》、《爻辭》、大小《象》之旨歸於一致，作《易卦私箋》兩卷。當時僅刻上卷，和幼小，亦未究所以缺下卷之故。庚寅，和自京師歸里，武林王氏姑偶撿舊篋，得下卷稿付和。時聖天子正收採遺書，總歸四庫，擬獻內廷以為榮幸，奈下卷未有清本，而和質性魯鈍，更昧易理，卷中條疏之先後恐有錯誤，遂止。吾祖初從大興王或庵先生為古文，又與桐城方靈皋先生共論實學，於六經各有集解。暮年專精於易，凡四脫稿而成是編。顧吾祖以書法擅名，或未能盡知其邃於經學也。壬子春，恭逢敕命石刻十三經於太學，即係吾祖手書進呈原本。寶璽褒揚，崇經實學，去年工竣。今和復藉同人之力，刻成是編，以償昔年未遂之願。自今以後，戴君恩而感友誼，豈特和一人已哉！我祖及子孫皆距躍三百曲踊三百者也。謹為序以誌勿忘。嘉慶元年中秋，仲孫和謹序。

◎光緒《無錫金匱縣志》卷三十九《著述》：《易卦私箋》（蔣衡）、《毛詩疑》（蔣衡）、《拙存堂文集》（蔣衡）、《學詩偶存》（蔣衡）。

蔣衡 周易尊翼訓 八卷 佚

◎光緒《武陽志餘》卷七《經籍》：

《周易尊翼訓》八卷，國朝翰林院檢討蔣衡曙齋撰。曙齋陽湖人，嘉慶三年以年八十鄉試，賜舉人。明年會試，賜檢討。生平著撰甚多，今皆佚。

自述曰：《易》之為書，孔子釋焉，無庸注疏家更分門戶。自漢以來，言數者什七八，愈巧愈密，而于日用行常至當不易者顧置不講，甚無謂也。今惟表彰孔子之言，其諸儒以意立說者概弗錄。又曰：易之為教，在審時權變，身體而力行之，卜筮特其餘事耳。自紫陽宗康節之學，遂謂象爻辭舉為占者設，是棄其本根尋其枝葉也。故書中所采《本義》「于占者」云云、「其占」云云概削之。又曰：諸家易說既不能博采，則其蹐駁者亦可弗辨。今惟取列于學官者討論之，而于程朱傳義尤多發難。緣家塾子弟耳食已久，欲求開悟，須在破除，獲罪先儒，所不之恤。

《經籍錄》：是書專言義理，凡卦變、畫卦、象數、圖說概皆不取，並朱子《本義》衍文誤字亦皆不取。惟鼎卦「元吉亨」以象傳無亨字，定為衍文，前列凡例八條，末附四象、後天、河圖、洛書四圖。四象圖則改為乾左坤右，三男自左而右，三女自右而左。又附太極兩儀四象辨、易逆數辨、先天圓圖辨、橫圖辨、二畫卦辨、卦變辨、四易辨，凡七篇，皆辨宋儒圖象之非者也。

蔣理正 讀易隨鈔 四卷 佚

◎四庫提要（著錄無卷數）：不著撰人名氏，亦無序目。其書用反對之說，除乾、坤、頤、大過、坎、離六卦兩名並列外，餘五十八卦皆每二卦順逆相對畫之，所解多參以人事。雖以「隨鈔」為名，實雜采諸家之言而融貫以己意，不出原采書名也。

◎《皇朝通志》卷九十七：《讀易隨鈔》無卷數（不著撰人名氏）。

◎《皇朝文獻通考》卷二百十二：《讀易隨鈔》（無卷數），不著撰人名氏。

◎光緒《武陽志餘》卷六之三：

張蘭皋曰：「先生潛心于易，玩索有年，思有以補紫陽之未逮，更參明儒數十家，凡三易稿而後成。」陳世琯曰：「《讀易隨鈔》註中句讀章法與瞿塘來矣鮮所註之易多同，然能括其要而去其腐，所采各家復簡淨不支，惟兩卦前立意為自得之秘。」

《經籍錄》：是書洪氏《經籍志》作四卷，天隨張氏重訂刻之作十五卷。其書頗采諸家，與陳氏說合，然無所謂兩卦前立意者。余假得鄒氏鈔本，無卷數，序目竝列乾坤二卦于乾象前，而坤象前不更畫卦；顛倒書屯蒙字于屯卦之上下，而蒙象前不更畫卦。餘倣此。每卦畫後各繫以說，與陳氏所云兩卦前立意者合，然註中惟紫真自說，于諸家罕有采錄，豈張氏本刊去兩卦前說而存其所采諸家，此本又專存紫真自說而刊去所采諸家歟？又張氏稱是書三易稿而成，鈔本或說象數，或說性理，或雜入講學，或雜入道家爐火、醫家養生，殊乖說經之體。張氏重訂本條加刪潤，詞旨雅馴，頗勝原書焉。又四庫書目有《讀易隨鈔》無卷數，「不著撰人名字，亦無序目，其書用反對之說，除乾、坤、大過、坎、離六卦兩名並列外，餘五十八卦皆每二卦順逆相對畫之，所解多參以人事。雖以「隨鈔」為名，實雜采諸家之言而融貫以己意，不出原采書名。」案此與鄒氏抄本合，殆即是書，而采進本偶無名字歟？

◎光緒《武陽志餘》卷七《經籍》：《讀易隨鈔》四卷，國朝諸生蔣理正至正撰。

◎蔣理正，字至正，自號紫真山人。江蘇武進人，籍丹陽。諸生。精醫術。年九十五卒。

蔣啟迪　易解　無卷數　存

廣西藏道光刻本

蔣善國　周易通論　不分卷　存

民國鉛印本

蔣紹宗　讀易卮言　一卷　存

國圖藏嘉慶十年（1805）長白蔣氏刻蔣氏經學五種本

◎《續四庫提要・讀詩知柄》：所著有《讀詩知柄》二卷、《禮記通解》二卷、《春秋見心》四卷。

◎蔣紹宗（？～1829），字晉祚，一字諟廬，號星垣，一號春岩。長白青縣漢軍鑲白旗人。乾隆五十一年（1786）舉人，歷官湖南石門、瀘溪、瀏陽、星沙、衡陽、攸縣知縣，靖州知州，永綏廳同知，辰州、衡州、長沙知府，辰沅永靖兵備道凡三十餘年，所至皆有聲。蒞任攸縣最久，入祀攸縣名宦祠。又著有《讀詩知柄》二卷、《春秋見心》不分卷、《書經節解》、《禮記通解》、

《學庸論孟直說》諸書。《攸縣志》、《炎陵志》錄其詩文。

蔣紹宗 象數述 存

嘉慶十年（1805）長白蔣氏刻蔣氏經學五種本

臺灣經學文化事業有限公司 2015 年影印嘉慶十年（1805）長白蔣氏刻蔣氏經學五種本

蔣紹宗 周易觀象 七卷 圖一卷 存

國圖藏嘉慶十年（1805）長白蔣氏刻蔣氏經學五種本

臺灣經學文化事業有限公司 2015 年影印嘉慶十年（1805）長白蔣氏刻蔣氏經學五種本

◎萬震霄民國《青縣志》卷之八上《文獻志》一：沈潛樂道，貫穿典籍。著有《周易觀象》《春秋見心》《書經節解》《禮記通解》《讀詩知柄》已付梓行世。

◎《畿輔先哲傳》：其說易謂言數則入於飛符、納甲、卦氣之陋，言義理則近乎老、莊之旨。諸若此者，大抵得數而遺義理，得義理而遺象。不知易者象也，象也者像此者也。自乾坤以迄坎離、自咸恆以迄濟未濟，且自上下繫以及諸傳，亦無在非象。君子觀則得之，故曰觀象。

◎自序〔註20〕：六經之義浩若煙海，潔靜精微尤莫如易。歷秦劫而後代有傳述，迄宋濂溪、周子之《通書》《太極圖說》出，朱子復本程子本義並宗之，以作《啟蒙》。康節邵子復著《皇極經世》等書，盡推算之妙，易道可謂大備矣。顧承其流者，言數則入於飛符、納甲、卦氣之陋，言義理則近乎老、莊之旨。諸若此者，大抵得數而遺義理，得義理而遺象。夫象亦烏可遺哉？孔子云：「易者象也，象也者像此者也。」君子觀則得之，讀易者可或忽諸？予自韶齡向學以來，不樂櫛比章句，竟其事當啁啾。積歲時，偕予仲日受讀於大人側，教益謹。凡有領略，即令籤以待質。而韋經尤家君所素習者，每指予而言曰：「士不通經，果不足用。而通經之難，非通諸經不足以通一經，非通四部之書亦不足以通一經。汝曹其無志於聖賢與？則操觚吮墨，謀取爵祿，斯足矣。否則理不可不窮，性不可不盡，必由是以至於命而後已者，是書其圭旨也。」予深切領之，既鰓鰓焉欲漏言一二，而多所不逮。未幾葉方勤以弟

〔註20〕又見於民國《青縣志》卷之九《文獻志》四。

子員舉於鄉，選授南邦之石門、瀘溪、瀏陽諸邑，其浮湛青紫，固別有況味，而此線裝物終未嘗斯須去。及攝篆星沙，因公罣議，輒价途車以返樸，被琴囊而外，惟篋中數卷而已。抵第時，家君從轕政，後俸滿告歸，仲氏亦登賢書，一門之內盎然也。予即欲樂守舊園，理其傳經，庶於素所期待者，誠不在祿養間也。尋以軍功議起，仍馳驛楚垣，蒞任衡陽。其地多明賢舊跡，署之西偏有周子愛蓮堂列諸講院崇祀之下，益憬然於先正懿公其會圖觀象之妙，足以興起末學而上接羲、文、周、孔之傳者，真千載一時耳。遂觀課其中，頻相祇謁，意傳神會。不幾時又解授攸江之任。之後猶眷眷於瀟湘江而不忍遽忘。夫亦性情之結契歟？忽有客從某處來，衣冠蕭散，貌極醜，烏面黑鬢，長頸而高結喉，時能作予鄉語。予貌敬之，延之入，兀然倚北窗坐。往叩其所學，曰：「學者學為人也，人與天地並而為三才，必思所以合其德，而後無不合焉。君其神明默成之也夫！」予頷其議論之大且正，更思所以言之而未便。適有以讀易乞詠者，輒吟曰：「從何觀太極，到處驗皇圖。識破真消息，乾坤一草廬。」予聞之，沁焉心脾，共晨夕無少間。凡所言所述，大率近是，始知其於古人書無不讀，而經術尤覺湛深，乃出予所解《易經觀象》相為參訂。其間宜簡者不使繁，須詳者不容略，支分節釋，所言不下千萬，其時蓋閱兩寒暑矣。一日勸予成本，欲令付之剞劂。予謂此錚錚細響矣，奚可雜諸天籟。客曰：「嘻，甚矣哉！夫書之傳與不傳，與人之欲傳與不欲傳，固有所以主之，而無庸爭勝一時。第聞封君海圃先生嘗以是經相勖，倘由是梓而行之，他日持此以應庭訓，亦可以無負家學淵源至意。值今聖天子尊道崇經，凡純修之士悉予表揚，而君以宦遊餘暇，猶復肄業及之，足見平日絃誦之興，堪副作人雅化。是一舉也而學問經濟出焉，即忠孝之心亦亦復流露行間，又何憚而不為耶？」予終悚惶不勝，猶以書名未定為辭。復相激曰：「君可謂對鏡問形矣。蓋是書自乾坤以迄坎離，自咸恆以迄既濟未濟，且自上下繫以及諸傳，無在非象。君之所解亦無在非象，即以《觀象》名之，自是真面目也。」因不自揣，述其前後所得於父師而成於良友者，彙彙而誌諸簡端。非敢謂窺見至深，聊以供有志斯道者一覽焉已耳。是為序。嘉慶歲次乙丑桂月上澣，長白蔣紹宗諟廬氏題於梅城署中之精舍。

蔣維喬　三陳九卦釋義　一卷　存

　　山東藏民國孟鄰年鈔本

蔣問天 易理鑰 存

臺灣集文書局 1968 年鉛印本

蔣先庚參 增定周易去疑 十一卷 卷首一卷 卷末一卷 存

國圖藏光緒二年（1876）江右蕭承笏養雲書屋刻本

◎明舒宏諤原撰。

◎目錄：卷首去疑凡例、重梓去疑副言、河圖解、洛書解、太極圖意、伏羲八卦次序圖、伏羲八卦方位圓圖、伏羲六十四卦橫圖、伏羲六十四卦圓圖、伏羲六十四卦方圖、伏羲八卦各生次序圖、文王八卦次序圖、文王八卦方位圖、文王八卦天文圖、文王八卦地理圖、八卦取象圖、朱子卦變圖、八卦分宮取象歌、上下經十九變卦歌、上下經卦名次序歌、朱子筮儀、周易總論。上經卷一乾坤。上經卷二屯蒙需訟師比小畜履泰否。上經卷三同人大有謙豫隨蠱臨觀噬嗑。上經卷四賁剝復無妄大畜頤大過坎離。下經卷五咸恒遯大壯晉明夷家人睽蹇。下經卷六解損益夬姤萃升。下經卷七困井革鼎震艮漸歸妹。下經卷八豐旅巽兌渙節中孚小過既濟未濟。繫辭卷九上傳十二章。繫辭卷十下傳十二章。繫辭卷十一說卦傳序卦傳雜卦傳。

◎卷首《去疑總論》凡二十七則，條目：圖書合解、太極秘解、仿圖畫卦解、奇偶解、卦位互解、先後天解、蓍爻、蓍數解、揲蓍解、周易名義解、卦名義辨、彖義并辭傳解、象義併辭解、爻義并辭解、卦德解、卦體解、卦變解、爻中解、爻正解、爻應解、占卜解、貞悔解、內外乘承解、文言辨、上下經始終解、繫辭解、十翼解。

◎舒氏原自序：舒子疲於舌耕，厭苦久之。庚午秋，戰北遂別業金陵舍鄉而國，收江左名雋，歸我友譜，舒子復不謂足。辛未冬，驅車北向，妄希天下觀也。居停池氏，攜餱走我。亟以羲經講意屬焉。因請名其集以《去疑》。舒子曰：「疑可去乎？夫慧不疑不發，理不疑不出，先輩看書，慣善用疑。初要從有疑看到無疑，繼更從無疑看出有疑，則疑可去乎？」居停，執以請者再四為其齋。先有《四書／範經》兩《去疑》集行世也。舒子額之。居停，尋即以其例請，曰演脈、曰闡旨、曰互參。未已也，而且摹象，而且註字，事甚瑣瑣不堪。舒子笑而謝曰：「羲經之先，奇偶兩畫已耳。後千餘年而文有象、周有爻、孔有傳。羲皇聖人，業已病其多事，乃當今日而復於象下係象、爻下係爻、傳上添傳，三聖人不又以多事病我耶？」居停曰：「否。此衰世意耳。

易者象也，滿紙影像，千古都成疑義。設旨不闡、參不互，將宿學之疑必無能去。脈不演、象不摹、字不註，將初學之疑必無能去。治易者欲勤行，接引多事，寧病歟？」舒子無已，強起應曰：「必如若言，要非余一人任也。余有兄，固余所師學易者。有姪有男，又皆學易於余，而均有得。請分厥任，可乎？」居停唯唯。舒子亦復喏喏，徐與理杯餚。酹別之，登舟渡江而北。意冷然善也。先是余兄館燕京且久，比余抵燕，細話池居停故，相與捉筆，對席商易者六閱月而集告竣。會姪輩亦各郵所脩稿至。舒子喜甚，隨彙成帙。攜之南以授居停梓。而舒子轉復愀然曰：昔孔子作《春秋》，知我罪我，兩不敢避。自此書出，任天下有知我為要言可，罪我為冗言亦可，均非余之所敢問矣。宛旌舒弘諤士一撰。

◎重梓去疑副言（凡四款）：

《周易去疑》一書，舒士一於崇禎辛未歲授梓於昆仰池氏。越庚寅，池氏板灾，書遂絕印。今海內奉為津梁，書賈傳索，如同秘寶。本坊不惜重費，搆原本於池氏，重加訂梓，蓋以答四方之企望云。

原本板分上下兩截，《象》《註》《變》著小字於上，《脈》《旨》《參》著大字於下，意在省紙，寔不便觀。今刻悉著大字於下，凡分白文一節，即使解明意備，一目而盡，觀者快焉。

原敘云：《旨》《參》以去宿學之疑，《象》《註》以去初學之疑，講例所以截分多項也。今刻《註》《象》先之，《脈》《旨》次之，《互》《參》又次之，由淺而深，由同而異，纍若珠聯，不嫌於柝。

河圖洛書、太極八卦、六十四卦次序方位等圖，卦名卦象卦變等歌，歷有刻本，然或攷核未真，每覺圖次未備。茲凡三訂，確而且詳，未敢謂盡先天之秘，寔可大啟後學之傳。刊釋良苦，幸加珍重。

石渠閣較書儂蔣時機無謀氏謹識。

◎周易去疑凡例（共十一則）：

一、演脈。夫經之有脈，猶骨節之有筋絡，流通在是；散錢之有線索，貫穿在是也。凡善說易者，不貴堆辭，唯簡簡潔潔，只消幾句話頭，把先聖當年神氣傳出便罷。是集所演，極簡極潔，不敢片語蔓溢。真接引後學第一階梯。故經生欲問易徑，則《演脈》宜玩也。

一、闡旨。夫旨與脈有分，脈取其貫，演脈者要須處處演到，乃旨則不然，每拈卦爻到手，止認定這為某卦，這為某爻，這卦爻結穴在某句，這句點

晴在某字，而一口闡出，使知喫緊所在。若徒泛泛演去，終是隔靴搔癢，與先聖真旨何涉乎？是集批郤導窾，指點最為親切。故經生欲臻易閫，則《闡旨》宜玩也。

一、互參。夫理至易綦玄矣，演之僅得其吻，闡之僅扼其要，善說易者必如老衲之參禪，思議繞是絕頂，使必執定這死煞名理，岸然自侈，周、孔登壇，徒供曠識人一嘔耳。是集所參，不傍時雋鼻息，并不拾先輩唾餘。直從旨外討個別解出來。說易之思，至是過半矣。故經生欲發易慧，則《互參》宜玩也。

一、章總。夫章有總，謂籠統大勢所在也。說易不先說總，猶振衣不挈其領、張網不提其綱，未免頭緒棼雜，胸中茫無柄耳。是集每遇幾節幾段去處，必外加一總，庶散漫者歸宿、參差者整齊矣。故經生欲會易通，則《章總》宜玩也。

一、解象。夫易者象也，全部經義都從這個脫來。未有象解不明而經義可透者。愚每見名宿談易，只顧把正意說向前去，有從傍叩以假象，殊夢夢也，可謂說易乎？是集凡假象所在，必分貼正意何屬、形似何肖，未敢含糊混過。故經生欲摹易影，則《解象》宜玩也。

一、註字。夫說易而至逐字求註，亦甚非遠識所貴矣。雖然，易有候焉，初說者非是，則蒙昧莫開，將脈旨何從得曉乎？是集凡遇可疑字面，悉註簡端，令初學精曉其字義，而後象脈旨參次第觀玩，自然識地漸有進益處。故經生欲入易門，則《註字》宜玩也。

一、白文。夫白文非文已也，乃先聖真面目透出在是。後人離卻這本子，別無從見先聖的。此善說易者只將白文虛心理會，徐取講章印之，非初年便靠著講章討個式樣也。是集凡書白文獨大，令與講意有別，且傍係圈令知旨要有在，庶開眼即見，無煩深索耳。故經生欲印易宗，則《白文》宜玩也。

一、朱註。夫昭代功令，獨取遵朱為主。近弔詭家恣意翻案，竟將《本義》抹殺不。迂則腐此皆考亭罪人也。是集悉從朱註鎔出，無敢叛背。間有一二謬句，萬不可從。而新說又或確甚者，亦必明言其叛，未敢以己見慢人。故經生欲清易氛，則《朱註》宜玩也。

一、圖說。夫易自河洛而後圖學代沿，然皆依樣畫葫蘆，淺識者看著祇是幾個圈子、幾畫黑白，其中秘審，何從覷破乎？是集逐圈逐畫詮解，俱出

獨裁，庶知先聖畫卦、先儒畫圖，煞有深意在，不是妝點花樣、徒悅人眼目者。故經生欲探易源，則《圖說》宜玩也。

一、總論。夫易書冒道，非名言可罄。如卦爻象象德體變占等項，名色種種，聽易者非預先熟識在胸入耳，烏能豁然。是集圖說後即繼以總論，辨疑解義，不厭詳盡。故經生欲諳易例，則《總論》宜玩也。

一、批評。夫集有批評，係象三謝老師親筆，義與拙講寔足互發，非僅慣套襲也。是集間有《演脈》未盡者，于《旨》中見之；有《闡旨》未盡者，于《參象》中見之；甚有《脈》《旨》《參》《註》仍未盡者，復賴批評補之。閱者誠細心合觀，義斯無剩矣。故經生欲備易鈔，則《批評》宜玩也。

弘謬編識。

◎《經義考》著錄為舒士諤《易經去疑》十二卷。

蔣湘南 卦氣表 一卷 存

國圖藏光緒十四年（1888）長白豫山湘南臬署會心閣刻春暉閣雜著本

民國鉛印蔣子遺書本

◎序：己卯秋，余服官濟南，始獲讀子瀟先生詩藁於故紙堆中，心嚮往焉。比遷汴梁，亟訪先生箸述，得讀《七經樓集》，乃盡識別其崖略，爰於徵求文獻之餘，詢先生里居，有常州劉子仁山道之最悉。馬子貽大令佩玖，先生之甥也，耳其名，致書通問，後頻以筆札往來，竝寄示先生所譔《卦氣表》《游藝錄》《廬山紀游》《西征述》四種。舊版燬於兵，許為重刊而未逮也，藏笥中六年矣。因湘省刻工精妙，特付剞劂。書成，又延同人參校而廣布之，以踐宿諾。先生於書無所不讀，治經宗許、鄭，實事求是，凡方言、音韻、地理、算術以及釋老之學，悉能條晰源流，折衷至當，每發一義，洞若觀火，故其為言足以信今而傳後。聞先生主講關中書院，多所造就，其吉光片羽，關隴人士尚多傳鈔。尋將赴晉，倘得續訪而補刊焉，尤所深願。余不獲見先生，幸猶得誦先生之書而樂子貽大令之有同志也。故先識其緣起於簡端。至各書意怡，原序言之綦詳，茲不復贅。光緒戊子九月長白豫山東屏識。

◎序：《易象》為周禮，見於《左傳》，先儒類能言之。其所以為周禮者，要固未之詳也。聖人本天以制禮，順時以出政，變理陰陽，盡性人物，其事皆在六十四卦中，而六十四卦之次不與時令相合。漢人解經多援卦氣為說，而卦氣之次又不與《周易》相合。於是宋以後人無不疑卦氣矣。本朝惠徵君專

治漢易，所著《周易述》《易例》《易漢學》等，無不發明卦氣者，而於《易象》為周禮之故，仍未之詳也。吾師子瀟先生，治易宗鄭康成氏，復以虞仲翔之說與鄭氏異如冰炭，而兩家之源實在卦氣，因本卦氣而著《周易鄭虞通旨》十二卷，阮文達公歎為絕未曾有。既而悟卦氣為黃帝之時憲，即《歸藏》也，特作《卦氣表》以明之，竝援經傳序證於其後，俾學者知卦氣與《周易》之所以分，然後得《易象》與周禮之所以合。精思所詣，豁然貫通。此又先儒治漢易者所未言，即數千年來信《歸藏》、疑《歸藏》者皆可以廢然反矣。秝法置閏自帝堯始，卦氣用三百六十整數，竝無閏法，其為唐虞以前時憲無疑。國筞得聞緒論，因為敘其大指云。門人衡陽常國筞。

　　◎凡例：

　　舊注有《卦氣考》二卷載在《周易鄭虞通旨》中，宗惠徵君、劉禮部之說也，然不能無疑於心。蓄之十年，今始軒豁，故復有此作。

　　卦氣傳於孟喜，卦氣圖始於李溉。魏正光術、宋天保術、唐大衍術皆用其法。蓋儒者失傳而推步家傳之也。推步之法僅易道中之一端，學易者不必先從事於推步，故各史之文皆所不錄。變圖為表，以便省覽。

　　京房卦氣即孟喜卦氣也，而積算不同。李景業之天保術用之，已為一行所駁。《漢藝文志》云「易家惟京氏為異」，然則孟氏所傳每卦六日七分為田何之舊法也，茲故不參錄京氏。

　　揚雄《太元經》即本卦氣而作。張衡所云漢家四百年之秝也。而算法稍不同。《太元》乃太初、三統術八十一分之法，卦氣則八十分日之七之法也。太元之宮度、日躔、斗建、八風、十二律皆與黃帝世合，故竝錄入表以補卦氣圖之缺。

　　漢人通六日七分者多，風雨寒溫，確有占事知來之效，然非作易本旨，亦非卦氣本旨也，故占驗諸文皆所不錄。

　　卦氣以卦名為序，儒者或病其太淺，然伏羲畫卦時，本以陰陽消息之旨命卦之名，命名之義如此，即爻象之氣如此。黃帝造秝，遂以爻之陰陽消息者為逐日之次，而卦名之序亦即聯貫為一，與伏羲異而同也。茲故仿《序卦傳》之例，作《卦氣序》一篇以明之。

　　莊侍郎之《卦氣解》、劉禮部之《卦氣頌》發五千年未發之覆，兩漢儒者均未見及，無論自唐以下也。惟以卦氣為伏羲作，不得謂非通人之一蔽。二書今未攜出，僅記莊先生論陽爻陰爻一段附錄表後，其全文俟他日補錄。

◎卦氣表敘上：卦氣之說，漢儒傳之，宋人闡之，本朝諸儒，或尊而信之，或疑而辨之，要皆未明其所以然。余嘗讀《稽覽圖》，反復於「甲子卦氣起中孚」之語而憬然悟曰：卦氣其《歸藏》之遺法乎？歸藏本黃帝之氏，商人傳其書，猶之連山為神農之氏，夏人傳其書也。黃帝八年始造甲子，作調秝。《漢志》謂之「名察發斂，定清濁，起五部，建氣物分數」，蓋其時歲在甲子月建甲子朔日甲子夜半甲子時冬至。黃帝推步之，以為秝首六十四卦中惟中孚之陰陽相含象之，因取中孚以為氣首，非甲子卦氣起中孚乎？冬至以坎主之，夏至以離主之，春分以震主之，秋分以兌主之，非即名察發斂乎？五日一微，三微一著，三著一體，凡二十四氣七十二候均統於三百六十爻中，以八十分日之七為法，非即建氣物分數乎？八風調五行、正十二律，應陰陽消息之節，非即定清濁起五部乎？上古未有書契，伏羲畫卦以象天地人物，本名之為象，黃帝作甲子秝，即取六十四卦分爻值日以紀秝中之節氣，故名之為秝象。帝堯命羲和曰欽若昊天秝象是也。秝象之名，在帝堯之前，故帝堯得而舉之，而秝始於黃帝，則所謂秝象者，非甲子秝而何？秝與象連名，非卦氣而何？《稽覽圖》未之明言，致千古儒者夢夢耳。伏羲畫卦以正人道，即以卦爻當文字，竝非為造秝也。黃帝造秝以授民時，亦以卦爻當文字，不能更依卦次也。二事本非一事，故伏羲重卦之次，即文王《周易》之次，以乾坤始，以坎離終。黃帝紀秝之次不用伏羲重卦之次，以中孚復始，以蹇頤終也。中孚上下四陽，中包二陰，陰中又藏乾元，故名之為《歸藏》。其號為歸藏氏者，或即以此。烏得有《連山》首艮、《歸藏》首坤之謬說哉？或曰《連山》之逸文今不可考，《歸藏》之逸文今尚有數百言，明明首坤，而何以為謬說？曰：伏羲聖人也，神農、黃帝、禹、湯皆聖人也，天尊地卑而乾坤定，卑高以陳而貴賤位，自是伏羲設卦觀象時所定如此，神農、黃帝烏能倒置伏羲之卦次，而以艮、坤加乾上哉？艮為乾子，坤為乾婦，用以為首，不大紊父子夫婦之序乎？而謂為聖人之書乎？《連山》即烈山，又作厲山，三字乃一聲之轉，竝非兩艮相連之謂。儒者望文生義，以為《連山》首艮、《歸藏》首坤，謬矣。《周官》太卜掌三易之法，以《連山》《歸藏》《周易》均為卜筮之用。卜筮者，易有四道中之一道也。《左傳》所載諸繇詞皆別有一書，不用象象之文，世所傳《歸藏》逸文，如「蓬蓬白雲」等，蓋即殷代卜筮家之繇詞（鄭康成曰：殷陰陽之書，存者有《歸藏》），竝不得為殷易，更何得謂黃帝之易？黃帝嘗作秝，不聞作易也。故曰《歸藏》乃黃帝之秝，卦氣乃《歸藏》之法。

◎卦氣表敘下：明乎卦氣為黃帝之甲子術，而後知力闢卦氣，以為無異於易者，非矣；力尊卦氣而援之以注易者，亦非矣。六十四卦，伏羲之經也，治秝明時，亦經中固有之義也。然伏羲時無秝象之名，自無卦氣之序。今據卦氣之序以通變。伏羲之經曰某卦自某卦來，曰六子從雜卦來，豈軒轅之秝轉在太昊之前乎？而況穿鑿干支、附會五行，以小言蠱大道也？若是者謂之譫。韓宣子見《易象》曰「周禮在魯」，是《易象》乃周家制禮之原也。孔子曰「吾學周禮」，是十翼皆尼山周禮之學也。聖人之禮即聖人之政，政必順時以出之，故卦氣一圖，實能備天道、浹王事，與《夏小正》王居明堂禮諸書互為表裏。文王、周公、孔子之發揮旁通者皆有取焉，今必等諸讖記，棄若弁髦，空談畫前之易，陰剽異端之說，象外增象，圖外繪圖，而四聖之靈，咸混沌矣，若是者謂之頑。理譫之緒則道破，理頑之緒則道墮。不譫不頑，聾瞽同臥。然則學易者將何從？曰：明乎卦氣，可以寡過。

◎摘錄卦氣表前引：卦氣者，以六十四卦貞一歲之氣候也。除坎離震兌四卦不用，祇用六十卦。蓋以四卦居南北東西四正方，故名之曰方伯，為六十卦之監司也。四卦二十四爻，主二至二分；六十卦三百六十爻，一爻主一日。而一歲實三百六十五日四分日之一，非六十卦所能盡，故每卦六爻有餘氣七分，六十卦餘四百二十分，以足五日四分日之一之數，統謂之六日七分也。六日者，每卦六爻也。

◎夏寅官《蔣湘南傳》〔註21〕：先生嘗論為學不分漢宋，以為儒者讀孔子書，孔子周嚮潤之學春秋禮樂饗詩書，謂之四術。孔子益以易與春秋，謂之六藝。六藝皆周禮也。韓宣子聘魯，見《易象》《春秋》，曰：「周禮在魯」，是《易》與《春秋》之二藝，《禮》《樂》《詩》《書》之四藝，周公之禮明矣。子曰：「吾學周禮」，告顏子曰克己復禮，顏子亦曰：「約我以禮」。曾子傳一貫之道，作《大學》曰：「自天子以至於庶人，壹是皆以修身為本。」而《中庸》證明之曰：「非禮不動」。所以修身可知。孔門之學但宜名為禮學，不宜稱為理學。孔子沒而微言絕，七十子喪而大義乖，孟荀為再傳弟子，僅百年而詩書已待辨正。況漢去孔子二百餘年、宋儒去孔子一千餘年乎！漢學、宋學之爭，皆無與周學者也！吾為周學而已。此先生論學之大旨也。文王、周公、孔子之易皆用韻語，孔子宜以《文言》為名，是必叶聲韻者始謂之文。人之生也，和言中宮，危言中商，疾言中角，微言中徵羽，發喉引顪，自有高下抑揚

〔註21〕摘自《碑傳集補》卷五十《文學》。

之致，小序所謂「聲成文，謂之音」也。宋以後之文，多有聲而無音，子瀟病之，嘗曰：「寧為箏琶，無為土鼓。」

◎閻彤恩《七經樓文鈔序》〔註22〕：愛友蔣君子瀟，以穎異之姿，溺苦於學。督學使者吳巢松先生拔之於諸生中，目為中州一人。君更從江鄭堂、阮芸臺兩先生問奇字、研經術，與齊梅麓、俞坦初談九章演算法，考究儀器於欽天中。既而入晉江督河督幕府，緣飾經史以為章奏。當代政事一一洞悉，凡本朝三通所載大掌故，皆條其源流，筆之於書。又嘗謂刑名之學，古人所以輔禮。鄭康成注《周禮》，多引漢律，是讀律亦儒者事也。因取大清律與唐律、明律互校。括以三經二緯，以推原周公制禮之等殺。著《輔禮論》二千餘言，俾讀書人一望而皆能治獄，豈非斟今酌古、為有用之學者與？余與君幼同學，長同試於有司，各以道義相助者有年。及君旅食四方，遂不數數見。今年君來西江，所著之書已成百餘卷。其大者《周易鄭虞通旨》、《十四經日記》、《中州河渠書》三種，余方欲分俾為君刻之，會以事去官。而君之高足劉君已代古文六卷，告成。因余悉君生平，屬為之序。爰為道其貫古通今者如此。至文之宏深淵懿，千人共見，不更敘云。同里閻彤恩。

◎蔣湘南《春暉閣文鈔》卷首同里王濟宏序：其在關中，數以書貽余，慨息天下大事，佐以所著《卦氣表》《華嶽圖經》《游藝錄》《廬山紀游》諸書，皆卓卓可傳者。然在子瀟則猶其隨筆雜錄，非其至者也。其談經詩書非殷洪喬輩行篋中物，未便郵寄，余終未之讀，而子瀟已化去矣。遺書板刻在揚、在汴、在陝，兵燹之餘，散失湮沒，無可稽者。

◎劉雲培《七經樓文集序》（摘錄）：吾師子瀟灑先生以五十三年成書百卷，解經者十之四，辯史者十之二，衍算者十之二，述刑名、錢穀、河鹽諸大政者十之一。

◎蔣湘南（1795～1854），字子瀟。河南固始縣城關陪濠沿人。又著有《春秋紀事考》《春暉閣文鈔》《春暉閣詩選》《中州河渠》《漢水入江考》《江西水道記》《九河既道解》等。湘南無子，僅有一女，遺作多由其婿馬佩玖（子貽）及生前好友相助刊刻。其《春暉閣文鈔》又有《六經元始》二篇，謂六經者先王之器也，道家者六經之祖也；道家不第為六經祖也，九流凡十家，皆以道家為祖。又有《經師家法說》《原象》《卦氣說》《費氏易家法考》諸篇可參。

〔註22〕摘自蔣湘南《七經樓文鈔》。

蔣湘南 卦氣記 佚

◎劉聲木《桐城文學撰述考》卷二「蔣湘南撰述」：《卦氣記》□卷。

蔣湘南 卦氣證 一卷 存

光緒十四年（1888）長白豫山湘南臬署會心閣刻春暉閣雜著本

民國鉛印蔣子遺書本

◎卷首云：《周易》序卦之次，雖與卦氣不同，而其取象，有顯然用卦氣者。蓋禮制始於黃帝，後世聖人，授時行政，無不因之，故《繫辭》亦取之也。今錄其經文證明於後。

◎卷末題：湘南蔣玉林堂刻字。

蔣湘南 周易鄭虞通旨 十二卷 佚

◎《卦氣表》常國笏序著錄。

◎夏寅官《蔣湘南傳》〔註23〕：先生之學，自經史、象緯、律曆、輿地、農田、禮制、兵刑、名法以及釋道兩藏，一一尋源沿流，究其得失。學博故見無不大，識精放論無不平，氣盛故辭無不達，誠大河南北之巨儒已。所著書，解經者十之四，辯史者十之三，衍算者十之二，述刑名、錢穀、河鹽諸大政者十之一。其大者《周易鄭虞通旨》、《輔禮論》、《十四經日記》《中州河渠書》四種未刊。《七經樓文集》六卷、《春暉閣詩集》六卷，其壻馬佩貽、門人劉元培／王正烈等刻行之。

◎蔣湘南《春暉閣詩選》卷首：君治經宗許、鄭，著《十四經日記》數十萬言，旁通象緯歷律輿地水利農田諸學，不鑿空不泥古。

蔣學鏞 讀易偶鈔 一卷 存

中科院藏清鈔本

◎條目：連山歸藏、周易、重卦始末、繫爻、繫辭說卦、文言傳、序卦傳、十翼、經分上下、圖書、先後天圖、陰陽老少、卦變、互卦、子夏易傳、九師易、漢儒傳易、荀九家易、關氏易傳、郭京周易舉正、註易得失。

◎尚秉和《尚氏易學存稿校理·易說評議》：《讀易偶鈔》一卷，篇首署曰樗菴蔣學鏞。樗菴蓋其字，兼无序文，故其里居時代，皆不能攷。然書內

〔註23〕摘自《碑傳集補》卷五十《文學》。

引黃宗炎說，而不及惠棟、張惠言諸人，則後於宗炎，而前于惠、張，蓋雍乾間人。所鈔易說，漢宋各家皆有所取，而以己意論其是非。然祇攷羲易之源流篇第，而不及經文，大體如孔氏《正義》篇首之八論。其所引至為廣博，而是非頗陋。如以《周易》周字為代名，取孔穎達之說，云文王作易於羑里，其時猶是殷世，故題周以別於殷云云。夫以文王之小心翼翼，況又在囹圄之中，自題周以別於殷，斷無此事。鄭玄云：周，徧也、備也，言易道周普，無所不備。賈公彥周禮因之，最為有識。凡三易之名，皆因首卦而有。連山首艮，艮上艮下，故曰連山；歸藏首坤，萬物皆歸藏於地，故曰歸藏；周易首乾，乾元亨利貞，即春夏秋冬，循環往來，周而復始，故曰周，豈為代名乎？至於易字，斥許氏日月為易，及陸佃蜥蜴、蝘蜓、守宮為易之邪說，是矣。而鄭康成簡易、變易、不易之說，雖與《乾鑿度》同，然皆易之用，而非易字本詁。《史記・大宛傳》：「天子發書易」，謂發書占卜也。又武帝輪臺詔云：「易之，卦得大過。」易之，筮之也。豈得以字之用，遂為字之本詁乎？又謂周公繫爻辭之說不見於經，今檢爻辭，如明夷于南狩，得其大首，指武王伐紂也；箕子之明夷，指箕子為奴也，則爻辭非文王作甚明云云。夫武王伐紂，自西而東，故牧誓逖矣西土之人，非南狩也。箕子，趙賓讀為荄茲，劉向、荀爽讀為荄滋，焦氏《易林》則以為孩子，即最後之王弼、蜀才，尚讀為其茲；而象傳之箕子以之，則無一人異讀者。讀為箕子，誤自馬融。誠以六五君位，故以孩子況紂之昏，猶書微子篇之剗子即孩子，皆指紂也。紂為君，故明不可息。若作紂臣之箕子，已晦其明矣，有何不可息？則攷羲太疏之過。又謂圖書不可信，先天卦位之必無。似皆隨聲附和漢學家之緒論，而己乏主張。故鈔撮雖多，可取者少也。

　　◎蔣學鏞，字聲始，號樗庵。浙江鄞縣人。乾隆三十六年舉人。鄉居終身，以授徒為業。蔣氏為全祖望中表弟兼衣缽弟子，於全氏著作整理極有功。又著有《樗庵存稿》八卷、《鄞志稿》。

蔣珣 易義無忘錄 三卷 首一卷 存

　　國圖、北大、上海、南京、浙江、天津、中科院藏道光二十一年（1841）姚江蔣齒德堂刻本

　　◎一名《周易無忘錄》。卷首為統體太極圖、統體太極圖解、統體太極圖說後記。

◎長白那竹汀先生序：《易》之為書廣大悉備，自漢以來，孟喜、京房、焦贛之徒，乃藉以考驗災異而已。鄭康成主象數，王輔嗣主名理，亦僅得其偏曲而未臻乎貫通。易學之難也，明矣。姚江蔣君少泉，博雅才也。曩館余家數年，昕夕孜孜，手不釋卷，每篝燈對坐，說經鏗鏗，為心折者久之。迨其司鐸羅陽，悉本經術以課士，研精著作，高已等身。今歲四月，郵致《易義無忘錄》三卷。博采旁搜，貫穿賅洽，擇焉精、語焉詳，洵足以益神智而備遺忘。乍一展卷，如見故人，其好學不倦、老而彌篤之心，覽是錄者可以得其大概矣。若夫超軼前哲啟發後學，其生平所著又不止此，如劍首之一吷耳。道光六年歲次丙戌重陽後十日，愚弟那清安謹序。

◎歸安姚鏡塘先生序：蔣君少泉嗜讀書，尤深於易。其著此錄也，分為三卷，上卷論卦爻及彖象傳之微旨，中卷發《繫辭》《說卦》《序卦》《雜卦》諸傳之精蘊，下卷推演河洛及後世說易擬易諸家之梗概。旁搜博采，屬辭比事，有以包羣書而集眾美，非徒便誦習而備遺忘也。夫易廣矣大矣，以言乎天下之間則備矣，故曰言天下之至賾而不可惡也，言天下之至動而不可亂也。後之人泥於潔靜精微一言，至以老、易並稱，因舉象數訓詁之學而廢之，使讀者茫然莫得其門戶。是錄也，未知於三聖之旨何如，要於子夏所云好學者，可無媿矣。道光六年姚學塽拜撰。

◎寶應朱詠齋先生序：漢時說易者專主象數，而鄭、荀諸家如日月經天江河行地，自輔嗣注行而漢學廢，幸李氏《集解》一髮千鈞，賴未盡墜。近時惠徵君棟、張編修惠言網羅放失，大暢其說，於易學實有功。蓋易道難明，談理者或病鑿空，言數者或流符讖，其實理數並重也。學博蔣君以《周易無忘錄》見示，其書上採漢魏，下衍程朱，躡窟穿根，如肉貫毌，非規規於章句者比。爰書數語以嘉篤志。皆道光七年十一月朔，寶應朱士彥題。

◎龍舒高淳亭先生序：蓋自秦漢以來說經者不一家，要非先通諸經，必不能通乎一經，故惟極薈萃之奇、運一心之妙乃足以號通經。甚矣通經之難，而易為尤甚。其探賾索隱鈎深致遠，不第憑夫奇耦以陰陽之，以陰陽之遂謂天地合撰也。蔣君少泉質茂沖和，學窺中秘，生平絕無他嗜，而獨深沉好易，博採兼收，窮源竟委，本之六經以求其理，參之諸傳以擷其英，其總言六十四卦處分在上在下而言，最為確當。即觀象玩辭玩占三段及傳中說天人合一之理，明白曉暢，引人入勝，故能奧而不詭，大而非夸，其殆極薈萃之奇、運一心之妙者與！我知於諸經之分合同異必別有以會而通之、歸於至是者，聊

以斯錄卜之也。行見付諸剞劂以裨學者，良非淺鮮。而乃問得失於余，嗚呼，此亦足以見其時時無忘於易而深有味乎謙之蘊者矣。道光八年歲次戊子孟春月上浣，龍舒高際盛拜撰。

◎自序：易學之難明也久矣，自漢晉以迄本朝，得其解者數十百家，而指歸尚多未定。伏讀御纂《周易折衷》，剖疑洩秘，為學者定厥指歸矣。顧《易》之為書，卦辭六十有四，各殊其旨而不相承；爻辭三百八十有四，各異其情而不相合；《彖》《象》《文言》亦因之而不相假；至於《繫辭》之理、《說卦》之象、《序卦》《雜卦》之義，超乎卦爻之外，入乎卦爻之中，非好學深思引伸觸類，不能舉其要而會其通也。瑄嘗教學二十載，與生徒講究，每苦於一屋散錢茫無端緒，舉此遺彼，見前忘後，尋章摘句，實獲終鮮，乃不揣檮昧，敬遵《折中》為圭臬，旁及諸家，匯參眾義，竊附鄙見，次第而聯屬之，錄成上中下三卷。上卷專明卦爻，兼及《彖》《象》《文言》，自畫卦、命名、定位以至立象數、觀象玩辭、玩占以至異同解，皆為之類聚而條貫；中卷專明上下《繫》及《說卦》《序卦》《雜卦》各傳，融會乎章旨節意，詳明乎疑義微言，顯竭乎餘辭遺義，皆不敢穿鑿而附會；下卷先明圖書，次及象數與後世倣易之作、諸本異同之辭，則明乎易道之源流、辨乎易理之真贗、判乎易文之正訛，皆為之刪繁而就簡，亦欲使學者窮源竟委、循誦習傳而不為眾說所眩，以期有得於己而無忘諸心也。爰以《易義無忘錄》標之，示生徒、便講貫爾。惟自恨才之薄而未善其鎔裁、識之卑而未抉其精微、學之淺而未窮其堂奧，草創已就，不忍廢棄，是用質諸大人先生，並以望博雅君子指其迷而斥其謬，俾不至貽誤學者，此則予之厚幸也夫！道光五年歲次乙酉十月朔日，姚江蔣瑄自序。

◎蔣珣，字少泉。浙江餘姚人。嘉慶三年舉人，官瑞安教諭。又著有《詩義無忘錄》、《書義無忘錄》、《春秋義無忘錄》、《三徑堂詩文稿》。

蔣元縉 易經存稿 佚

◎道光《永州府志》卷十五上《先正傳》：著有《易經存稿》《瑤川小草》。

◎蔣元縉，字公紱。湖南永明人。乾隆辛酉選貢，授常州督糧通判，調保定，署同知兼攝容城縣事。卒年六十九。又著有《楊忠愍祠復田錄》《瑤川小草》等。

蔣元縉 周易解 佚

◎光緒《永明縣志》卷四十四《藝文志》一：《周易解》（蔣元縉撰。道光《永明縣志》。王春藻曰：元縉有《易解》存棄藏於家）。

蔣載康 周易新義 佚

◎光緒《諸暨縣志·經籍志》著錄。

◎蔣載康，名釗。以字行。浙江諸暨楊莊村人，因別號楊莊。嘗從餘姚盧文弨遊。乾隆辛卯（1771）舉於鄉，戊戌（1778）大挑知縣，分發甘肅，不就。建藏書樓名經籏堂於楊莊，屏絕外事，殫精治經。又著有《周官心解》《儀禮獨裁》《鄉黨雜說》《左史合評》等。

椒齋老人 周易說周 不分卷 存

天津藏清末無格鈔本

焦廷琥 歸奇注義 一卷 引駁諸儒說 一卷 存

仲軒群書雜著稿本

◎焦廷琥（1782～1821），字虎玉。江蘇揚州人。焦循子。優貢生。著有《冕服考》四卷、《地圓說》二卷、《讀書小記》三卷、《密梅花館詩文錄》。

焦廷琥 明人說易 一卷 存

仲軒羣書雜著稿本

焦廷琥 明史藝文志易類 一卷 存

仲軒群書雜著稿本

焦循 雕菰樓易學 四十卷 存

國圖藏稿本

山東藏嘉慶道光刻光緒二年（1876）衡陽魏氏增刻焦氏叢書本

北京大學出版社 2012 年清代經學著作叢刊顧寶田、劉連朋點校本

鳳凰出版社 2012 年陳居淵校注雕菰樓易學五種本

江蘇廣陵書社 2016 年劉建臻校焦循全集本

儒藏精華編點校本

◎子目：易章句十二卷、易通釋二十卷、易圖略八卷。

◎一名《雕菰樓易學三書》。

◎阮元《江都焦氏雕菰樓易學序》〔註24〕：《周易》為羣經之首，古今治此學者獨多。有列國人之易，有漢人之易，有晉唐人之易，有宋人之易。荀、虞之易，漢學也，所存古法尚多。自王輔嗣以老、莊言易，易全空矣。靜而思之，推而論之，聖人之造易也，象因卦生，辭因象著，大之天地山川，小之井鮒車鬼，豈如詞人屬文，隨意捝藻乎？是必有一定不易之辭與字存其中焉。易有爻有位，豈如今人并互體亦不論乎？是必有錯緯經緯、千變萬化、極變易之道存其中焉。易有吉凶悔吝，豈如今三錢占瞽者能之乎？是必有不盡之言與意，隨所遇之而取決焉。乃今求之之晉以後之易，皆不能使易之經文語語有因、字字有據，然則空論而已，古聖人造易必不若是。江都焦氏居北湖之濱，下帷十餘年，足不入城市，尤善於易。取易之經文與卦爻反覆實測之，得所謂旁通者，得所謂相錯者，得所謂時行者，舉六十四卦三百八十四爻，盡驗其往來之迹于經文之中，而知其所以然，蓋深明乎九數之正負比例、六書之假借轉注，而後使聖人執筆著書之本義豁然大明。於數千年後聞所未聞者驚其奇、見所未見者服其正，卓然獨闢，確然不磨，雖使《義海》以下諸賢眾咻之而不能折其說。此我大清文治之所以軼乎前也。豈焦君一人之所通哉！焦君之《易》之為書也，曰《章句》十二卷、曰《通釋》二十卷、《易圖略》八卷，其大旨見於《圖畧》，而《旁通三十證》尤為顯據，可例其餘。或曰：「比例為圖，因其末之同而溯其本如此，則所通不幾多乎？」元曰：「此正可見聖人之易錯綜參伍、化裁推行。聖人不能一一悉舉之，特各于相通處偶舉一隅，以示其例而賅其餘。若乃因事而揲筮，因卦而求象，必有一定之法，亦必有無盡之言，使各象變適于各事以決吉凶，是以《左傳》筮辭更出于今易辭之外，藉曰非也，何以折其三十證之所說哉？」或曰：「《通釋》多因假借而引申之，不幾鑿乎？」元曰：「古未有字先有言有意，言與意立乎諸字未造以前，伏羲畫☰、☷而定其言與意。至倉頡始造乾坤之字，故徒言遯，而遯與豚同意，徒言疾，而疾與蒺同意，傳謂書不盡言言不盡意，即此道也。若立乎其後而分執之，蓋未知聲音文字之本矣。藉曰非也。虞翻何以屯魚為遯魚、《韓詩外傳》何以蒺藜為據疾哉？」元與焦君少同遊、長同學，元以服官，愧荒所學；焦君乃獨致其心與力於學。其初學易也，亦不圖至斯，久之如有所牖，而此學竟成。元于嘉慶十九年夏速過北湖里中見君問易

〔註24〕又見於《揅經室集》一集卷五。

法，君匆匆于終食間舉三十證語元，元即有聞道之喜。及至江西，時時趣其寫定寄讀。讀竟而敘其本末如此。傳曰：「君子居則觀其象而玩其辭，動則觀其變而玩其占，自天祐之，吉無不利。」其是學之謂乎？嘉慶二十一年夏四月，阮元撰。

◎江都焦氏雕菰樓易學序：古今易學無慮數千百家，其大旨不外二端：曰理與數而已。荀爽、虞翻之易言數，王弼、韓康伯之易言理。言理者斥數，其弊流為莊、老；言數者置理，其弊涉於方術。是二者均失也。顧後儒懲輔嗣之弊，高談性命，推論圖書，立無極之名，創先天之說，支離附會，去易彌遠，曾不若言數者之失之猶未離乎易象也。夫羣經皆可理釋，而惟《易》必由數推。易贊已明言之矣，曰「參天兩地而倚數」，又曰「參伍以變，錯綜其數」，蓋卦生於畫，畫生於數，陽奇陰偶、內貞外悔生於數、積於數、成於數，變通於數，數實而可據、理虛而無憑也。自言數者不知索解於易之中而別求端於易之外，於是卦變、卦氣、半象、兩象、納甲、爻辰以至《太元》《潛虛》《皇極經世》，門分類別，矜新立異。跡其穿鑿，亦閒有一二之脗合，而不為讖緯則為陰陽，甚且舉道家《參同契》坎離取譬之言以詮解伏羲、文王、周公、孔子之易，各執一說而非易之本數也。於其說之所不可通，又別遁一說，而非易自然之數也。以是言易，易之數乃愈晦矣。夫天之道不外陰陽寒暑，然泛言陰陽寒暑之理非可以測天，必實而驗諸三百六十之躔度；易之道不外吉凶悔吝，然泛言吉凶悔吝之理非可以測易，必實而證諸三百八十之爻位。躔度，數也；爻位，亦數也。究之，天之躔度即天而具，易之爻位即易而具。測天者未嘗於躔度外別創一法，測易者奈何於爻位外別求他義乎？焦子理堂深明洞淵九容之數，因以測天之法測易，其視易之爻位猶天之躔度，凡山澤雷風水火，若七政恆星之昭布，一一可窺器而辨其方也；其視爻位之往來，猶躔度之交錯，凡山澤雷風水火之變化，若七政恆星之經緯遲速，一一可布算而尋其緒也。所著《雕菰樓易學》四十卷，凡《章句》十二、《通釋》二十、《圖略》八。其發揮精義，備於《通釋》；又以數之必緣象而顯也，為《圖略》以表其象；以數之皆附文而著也，為《章句》以釋其文。《章句》之辭簡而賅，《圖略》之辭博而辨，而《通釋》則舉卦辭、彖辭、象辭、爻辭之一句一字，無不條分縷析，珠連繩貫以觀其通。易之數得是書而明，易之理亦即是書而備矣。焦子為余辛酉江南所取士，今節使阮芸臺前輩曾以書賀余得人。壬戌春，計偕來都，得遂款洽，賦別以後，愛而不見者十餘年。聞其養痾北湖之濱，杜門

著書，絕意進取。今春以是書見寄，且請弁言。余趨公少閒，舊學荒落，披攬之下，益以信易之非可理釋，必由數推，而數本自然，求諸經文，觸類引伸，在在契合，無取納甲、交辰之奧解，不襲圖書河洛之偽傳，使古今言理言數諸家，均心折其辭而無所置喙也，豈非不朽之盛業哉？芸臺前輩之序言曰：「有列國人之易，有漢人之易，有晉唐人之易，有宋人之易。」今觀所學，非列國、非漢、非晉唐、非宋，發千古未發之蘊，言四聖人所同然之言，是直謂之《周易》可焉。嘉慶二十二年夏四月英和撰。

◎座主英煦齋師手札：春仲得書，知足下閉戶著書，動定清吉為慰不可言。書中隱然以韓、富、范、歐相許，僕何敢當。而足下之學之才，以視孫明復、李泰伯二公，殆有過無不及也。承寄示《雕菰樓易學》，元本經文，疏通引證，使全易無一剩句閒字，於焦、京、荀、虞舊學，補所未備而正其舛誤，獨抒心得，不為隨聲附和之言，卓然成家，可以不朽矣。昔朱子謂《周官》全部點水不漏，僕於是書亦云。屬為序文，勉成附寄。所媿荒落，不足以發揮足下造詣之所到耳。僕近體頑健，兩兒叨列詞垣，學殖淺薄，尚望有以裨益之。天時漸燠，諸惟珍重不宣。生英和書奉理堂賢友足下，原書奉還，刊成見寄是望。附到墨刻三種，聊侑空函，希拾存。丁丑四月二十二日。

◎阮芸臺先生手札：

里堂老姻丈啟：月來公事少閒之時讀大著易學，大略實為石破天驚。昔顧亭林自負古音，以為天之未喪斯文，必有聖人復起。未免太過。茲之處處從實測而得，聖人復起，洵不易斯言矣。昨張古愚大守持去，讀之亦極詫極嘆也。惟望早為勒成。鄉塾中如有寫手，乞代鈔一部，所有紙筆錢若干，在慕三兄處支取。此屬弟前年在京曾作《太極說》一篇，今以呈政，乞為改正。近江西省中有翻刻宋十行本注疏之議，未知能成否也。愚弟阮元頓首。

前接手書並梁公舊屋立祠事，本欲即為修復，緣常生回家已諭其至橋奉謁，並致一切，此舉兼數善焉。先賢想必皆歡喜，寒族亦有主入其中，先大父亦與其列，曷勝感幸。頃八兄回湖，正將解纜，得仲嘉寄到賜書並易學二本，偶一抽閱，已見豐解諸義及《韓詩外傳》之確據，喜甚。所有敘文，久欲命筆，緣此書局面正大，未敢輕率為之，謹候夏間務閒，再擬稱本寄呈，仍須大筆大加改正方可用也。坎為心，弟向有《釋心》一篇，今已刻出，並《雜釋》數篇成一帙奉寄，其中串貫假借之義，大約尚能與易學中不相悖也。弟阮元頓首。

◎王伯申先生手札〔註25〕：引之頓首理堂先生執事，日者奉手書，示以《說易》諸條，鑿破混沌，掃除雲霧，可謂精銳之兵矣。一一推求，皆至精至實，要其法則比例二字盡之。所謂比例者，固不在它書而在本書也，未知先生以為何如？惠定宇先生考古雖勤，而識不高、心不細，見異於今者則從之，大都不論是非。如說《周禮》邱封之度，顛倒甚矣，它人無此謬也。來書言之，足使株守漢學而不求是者爽然自失。《經義述聞》又增刻百七十條，容俟覓便寄請教正。布問動履，書不盡意。引之再拜。十月初二日。

◎阮元《擘經室集》二集卷四《通儒揚州焦君傳》：焦君名循，字里堂，世居江都北湖黃珏橋，分縣為甘泉人。曾祖源，江都縣學生，為《周易》之學。祖鏡、父葱，皆方正有隱德，傳易學。君生三四歲即穎異，八歲至公道橋阮氏家，與賓客辨壁上馮夷字曰：「此當如《楚辭》讀皮冰切，不當讀如縫。」阮公賡堯大奇之，遂以女字之。年十七，劉文清公取補學生員，年二十補廩膳生。次年丁父及嫡母謝艱，自斂及葬八閱月未櫛沐，食臥不離喪次，甚哀毀。弟徵讀書，自教之。興化顧超宗傳其父文子之經學，超宗與君幼同學，君始用力於經，超宗歿，君理其喪，作《招亡友賦》哭之。歲乙卯，元督學山東，招君往遊，遂自東昌至登州，有《山左詩鈔》一卷。嘉慶歲丙辰，元督學於浙，復招君遊浙東，有《浙江詩鈔》一卷。歲庚申，元撫浙，招君復遊浙。辛酉春歸揚州，秋應鄉試中式舉人，入都謁座師英煦齋先生。先生曰：「吾知子之字曰里堂，江南老名士，屈久矣。」歲壬戌復招君遊浙，冬歸揚州。歲乙丑，有勸君應禮部試且資之者，君以書辭之曰：「生母殷病雖愈而神未健，此不北行之苦心，非樂安佚、輕仕進也。」殷竟以夏病冬卒，君毀如初，克盡其孝。除喪後，小有足疾，遂託疾居黃理橋村舍，閉戶著書。葺其老屋曰半九書塾，復構一樓曰雕菰樓，有湖光山色之勝。讀書著書恒在樓，足不入城市者十餘年矣。歲庚辰夏，足疾甚，且病癠，以七月二十七日卒，距生於乾隆癸未二月三日得年五十有八。妻阮氏。子琥，廩生。孫三：授易、授書、授詩。君善讀書，博聞強記，識力精卓，於學無所不通，著書數百卷，尤邃於經。於經無所不治，而於《周易》《孟子》專勒成書。君於易本有家學，嘗疑一號咷也，何以既見於旅又見於同人，一拯馬壯也何以既見於復又見於明夷，密雲不雨之象何以小畜與小過同辭？甲庚三日之占何以蠱象與巽象相例？丁父憂後乃徧求說易之書閱之，撰述成帙。甲子後復精研舊稿，悟得洞淵九容之術實通

〔註25〕王引之《王文簡公文集》卷四作《與焦理堂先生書》。

於易，乃以數之比例求易之比例，於是擬撰《通釋》一書。丁卯病危，以易未成為憾。病瘥，誓於先聖先師盡屏他務，專治此經，遂成《易通釋》二十卷，自謂所悟得者，一曰旁通，二曰相錯，三曰時行。旁通者，在本卦初與四易、二與五易、三與上易，本卦無可易，則旁通於他卦，亦初通於四、二通於五、三通於上，先二五，後初四、三上為當位，不俟二五；而初四、三上先行為失道。易之道惟在變通，二五先行而上下應之，此變通不窮者也。或初四先行、三上先行，則上下不能應，然能變而通之，仍大中而上下應。如乾四之坤而成小畜，復失道矣；變通之，小畜二之五、姤二之復五，復初不能應，姤初則能應。小畜四不能應，豫四則能應。坎四之離上成井，豐失道矣，變通之，井二之噬嗑五、豐五之煥二，豐上不能應煥，上則能應；井三不能應，噬嗑三則能應，此所謂時行也。比例之義出於相錯，如睽二之五為无妄，井二之噬嗑五亦為无妄，故睽之噬膚即噬嗑之噬膚。坎三之離上成豐，噬嗑上之三亦成豐，故豐之日昃即離之日昃、豐之日中即噬嗑之日中。漸上之歸妹三，歸妹成大壯，漸成蹇，蹇大壯相錯成需，故歸妹以須之，即需也。歸妹四之漸，初漸成家人，歸妹成臨，臨通遯，相錯為謙履，故眇能視、跛能履。臨二之五即履二之謙，五之比例也。《易通釋》既成，復提其要為《圖略》八卷，凡圖五篇、原八篇，發明旁通、相錯、時行之義，論十篇破舊誼之非。復成《章句》十二卷。總稱《雕菰樓易學三書》，共四十卷。君易學既成，數年中有隨筆記錄之書，編次之得二十卷，曰《易餘籥錄》。凡友朋門弟子所問答及於易者，取入三書外多有所餘，復錄而存之得二卷，曰《易話》。自癸酉立一簿，自稽所業，得三卷，曰《注易日記》。又有《易廣記》三卷。君之易學，不拘守漢魏各師法，惟以卦爻經文比例為主，號咷密雲，踪跡甚顯，蒺藜樽酒，假借可據。如郭守敬之以實測得天行也。既又著《孟子正義》三十卷疏趙岐之注，兼採近儒數十家之說，而多下己意，合孔孟相傳之正指。君又著《六經補疏》，說曰：說漢易者每屏王弼之說，然弼之解箕子乃用趙賓說，孔穎達不能申明之。他如讀彭為旁、借雍為甕、通孚為浮而訓為務踤、解斯為廝而釋為顛役，蓋以六書通借解經之法尚未遠於馬、鄭諸儒，惟貌為高簡，故疏者視為空論耳。因作《周易王氏注補疏》二卷。說《尚書》者多以《孔傳》為偽，然《堯典》以下至《秦誓》，其篇固不偽也。即魏晉人作傳，亦何不可存？因舉其說之善者，如《金縢》「我之不辟」訓辟為法，居東即東征、罪人即管蔡，《大誥》周公不自稱王而稱成王之命，皆非馬、鄭所能及，作《尚書孔氏傳補疏》

二卷。毛鄭義有異同，然《正義》往往雜鄭於毛、比毛於鄭，而聲音訓詁疏略
亦多，因撰《毛詩鄭氏箋補疏》五卷。《春秋》成而亂臣賊子懼，《左氏傳》
云：「稱君君無道，稱臣臣之罪。」杜預且揚其詞而暢衍之，與孟子之說大悖。
預為司馬懿女婿，目見成濟之事，將有以為昭飾。且有以為懿師飾即用以為
已飾，此《左氏春秋集解》所以作也。萬氏充宗斥左氏之頗，惠氏半農、顧氏
棟高糾杜氏之失，然未有摘其姦而發其覆者，撰《左氏春秋傳杜氏集解補疏》
五卷。謂禮以時為大，蔽千萬世制禮之法，而訓詁名物亦所宜究，撰《禮記鄭
氏注補疏》三卷。《論語》一書所以發明伏羲、文王、周公之恉，其文簡奧，
惟孟子闡發最詳最鬯，《論語》一書之中，參伍錯綜，引申觸類，其互相發明
者亦與易例同，撰《論語何氏集解補疏》二卷，合之為《六經補疏》二十卷。
君游浙，因元考浙江原委以證《禹貢》三江歸揚州，撰《禹貢鄭注釋》一卷，
專明班氏、鄭氏之學。君謂王伯厚《詩地理考》繁褥無所融貫，作《毛詩地理
釋》四卷。君又仿東原戴氏《孟子字義疏證》撰《論語通釋》一卷，凡十二
篇：曰聖、曰大、曰仁、曰一貫忠恕、曰學、曰知、曰能、曰權、曰義、曰禮、
曰仕、曰君子小人。君又撰《羣經宮室圖》二卷，為圖五十篇。《毛詩烏獸草
木蟲魚釋》十一卷、《陸璣疏考證》一卷。君錄當世通儒說《尚書》者四十一
家書五十七部，仿衛湜《禮記》之例，以時之先後為序，得四十卷，曰《書義
叢鈔》。君思深悟銳，尤精於天學算術，謂梅徵君《弧三角舉要》《環中黍尺》
撰非一時，絫複無次；戴庶常《勾股割圓記》務為簡奧，變易舊名，撰《釋
弧》三卷，錢辛楣先生稱是書於正弧、斜弧、次形、矢較之用，理無不包法無
不備。君上書於錢辛楣先生論七政諸輪，辛楣先生復書云「推闡八微，以實
測之數假立法象以求其合，尤為洞徹根原」。君以弧線之生緣於諸輪，輪徑相
交乃成三角，輪之弗明，法無從附也，撰《釋輪》二卷。君又謂康熙甲子律書
用諸輪法，雍正癸卯律書用橢圓法，實測隨時而差，則立法亦隨時而改，撰
《釋橢》一卷。君又謂劉徽之注《九章算術》，猶許氏慎之撰《說文解字》，講
六書者不能舍許氏之書，講九章者亦不能舍劉氏之書；九章不能盡加減乘除
之用，而加減乘除可以通九章之窮，作《加減乘除釋》八卷。君與吳縣李君尚
之、歙汪君孝嬰商論算學，是時李仁卿、秦道古之書兩君未之見也，乙卯君
在元署中得《益古演段》《測圓海鏡》二書，急寄尚之，尚之為之疏通證明。
君又得秦氏所為《數學大略》，因撰《天元一釋》二卷、《開方通釋》一卷以述
兩家之學，尚之敘云：「此書於帶分寄母、同數相消之故條分縷析，發揮無餘

蘊。自李欒城、郭邢臺之後，為此學者未如此妙也。」又教子琥曰：「李欒城之學，余既撰《天元一釋》以闡明之；而《測圓海鏡》《益古演段》兩書不詳開方之法，以常法推之不合，讀者依然涊淬黮黯。余得秦道古《數學九章》，有正負開方法，因作《開方通釋》詳述其義，汝可列《益古演段》六十四問，用正負開方法推算之。」因以同名相加、異名相消、用超用變之法詳示琥，琥乃知以秦氏之法讀李氏之書，布策推算，一一符合六十四問，每問皆詳畫其式，君喜曰：「得此而《演段》可以讀矣。」即命名曰《益古演段開方補》，且曰：「可附《里堂學算記》之末。」君又善屬文，最愛柳柳州文，習之不倦，謂唐宋以來一人而已。後人多斥柳州為王叔文黨，君為雪之，且曰：「田山薑《古歡集》、馮山公、王西莊兩先生於叔文事皆立論平允，足洗不讀書者隨聲附和之陋習。」君於治經之外，如詩詞、醫學、形家九流之書無不通貫，又力彰家鄉先哲，勤求故友遺書，孜孜不倦。黃珏橋有老屋一區，為前明忠臣梁公于涘之故宅，君買修之，扁曰北湖耆舊祠，設木主三十位，祀嘗居北湖忠孝行誼載于史志足為鄉人表率者。復揭三十人事實于璧，里人頗觀感焉。復理採舊聞，搜訪遺籍，成《北湖小志》六卷。又因分撰《揚州府志》，收拾雜文舊事，次第為目錄一卷，名曰《揚州足徵錄》。又以隨筆考錄揚事者成《邦記》六卷。君每得一書，必識其顛末。或朋友之書，無慮經史子集，即小說詞曲，亦必讀之至再，心有所契則手錄之。如是者三十年，命子琥編寫成《里堂道聽錄》五十卷。又舉國朝人著述三十二家，作《讀書三十二贊》。又著《貞女論》二篇、《愚孝論》一篇，皆有補于世教。君之文集手自訂者曰《雕菰集》二十四卷、詞三卷、詩話一卷，《種痘說》等書不具錄。君性誠篤直樸，孝友最著，恬淡寡欲，不干仕祿，居恆布衣蔬食，不入城市，惟以著書為事、湖山為娛。壯年即名重海內，先輩中如錢辛楣、王西莊、程易田諸先生皆推敬之。煦齋冢宰見君《易學》，敘之，以為發千古未發之蘊，且集蘇文忠句書贈之曰：「手植數松今偃蓋，夢吞三畫舊通靈。」子琥能讀書傳父學，端士也。評曰：焦君與元年相若，且元族姊夫也。弱冠與元齊名，自元服官後，君學乃精深博大，遠邁于元矣。今君雖殂而學不朽，元哀之切、知之深，綜其學之大指而為之傳，名之為儒，誄之史館之傳儒林者曰：斯一大家，曷可遺也。

◎焦循《雕菰集》卷十三《與朱椒堂兵部書》（摘錄）：循頻年汲汲，徒托空言。邇年專力學易，著有《雕菰樓易學》一書，嘗手寫兩通，一就正於阮宮保，一就正於英大冢宰，均蒙獎掖，以為可存。幾思與吾仁兄商訂之，以卷帙

多，未及更寫，姑言大略。易之道，大抵教人改過即以寡天下之過。改過全在變通，能變通即能行權，所謂使民宜之，使民不倦，窮則變，變則通，通則久，聖人格致誠正，修齊治平，全於此一以貫之。則易所以名易也，《論語》《孟子》已質言之。而卦盡之所之，其比例齊同，有似九數；其辭則指其所之，亦如句股割圓，用甲乙丙丁子丑等字指其變動之跡，吉凶利害視乎爻之所之。泥乎辭以求之，不啻泥甲乙丙丁子丑之義以索算數也。惟其中引申發明，其辭之同有顯而明者（如密雲不雨自我西郊，小過小畜同；先甲三日先庚三日，蠱與巽同；其冥升、冥豫，敦復、敦艮、敦臨，同人于郊、需于郊之類，多不勝指數），又多用六書之轉注、假借。轉注如冥即迷、顚即窒、喜即樂，假借如借繻作需（《說文》）、借蒺為疾（《韓詩外傳》），借豚為遯識（黃穎說），借祀為已（虞翻），推之，鶴即崔然之崔、祥即牽羊之羊、祿即即鹿之鹿、礿即納約之約、拔即寡髮之髮、昧即歸妹之妹、胏即德積之積、沛即朱紱之紱，彼此訓釋，實為兩漢經師之祖。其聲音相借，亦與三代金石文字相孚，非明九數之齊同比例不足以知卦畫之行；非明六書之假借轉注，不足以知象辭、爻辭、十翼之義。不明卦畫之行，不明象辭、爻辭、十翼之義，不足以知伏羲、文王、周公、孔子之道。不知伏羲、文王、周公、孔子之道，不足以知格致誠正、修齊治平之學。循離羣索居，獨學無耦，漫以大略請教，先生以為何如？書之不盡，聊以當一夕談耳。嘉慶二十二年秋八月十九日。

　　◎焦循《雕菰集》卷十三《寄朱休承學士書》：循邇年別無善狀，惟於易稍有所見，卷帙繁多，未能遠寄。已稱述大略，質之王君伯申。

　　◎焦循（1763～1820），字理（里）堂。江蘇揚州黃珏鎮人。家世學易，曾祖父源字文生、祖鏡字鑒千、父葱字佩士俱好易。乾隆己亥（1779）受教於劉墉，經史、曆算、訓詁諸學無所不精。嘉慶六年（1801）舉人，翌年應禮部試不第，即不出仕。托足疾不入城市者十餘年，構雕菰樓讀書著述其中。嘉慶十一年（1806）揚州知州伊秉綬聘與阮元等編《揚州圖經》、《揚州文粹》。博聞強記，於經史、曆算、聲韻、訓詁之學均有研究。著有《易章句》十二卷、《易圖略》八卷、《易通釋》十二卷、《古文尚書辨》八卷、《毛詩物名釋》二十卷、《論語通釋》、《孟子正義》、《六經補疏》二十卷、《群經宮室圖》兩卷、《天元一釋》兩卷、《加減乘除釋》八卷、《開方通釋》、《焦循論曲三種》、《里堂學算記》、《邗記》六卷、《北湖小志》六卷、《揚州府志》、《李翁醫記》二卷、《沙疹吾驗篇》一卷、《醫說》一卷、《雕菰集》二十四卷、《里堂詩集》

八卷、《里堂詞集》二卷、《仲軒詞》一卷、《劇說》六卷。

焦循 易廣記 三卷 存

道光六年（1826）半九書塾刻六經補疏本

山東藏道光九年（1829）廣東學海堂刻皇清經解・雕菰樓易學三書本

山東藏光緒二年（1876）衡陽魏氏刻焦氏叢書・雕菰樓易學三書本

續四庫影印上海藏道光六年（1826）半九書塾刻本

鳳凰出版社 2012 年陳居淵校注雕菰樓易學五種本

江蘇廣陵書社 2016 年劉建臻校焦循全集本

◎各卷卷末題：姪孫授齡校字。

◎卷一首：余之學易也，自漢魏以來至今二千餘年中，凡說易之書必首尾閱之，其說有獨得者則筆之於策，可以廣聞見、益神智，因名之曰《易廣記》云。嘉慶戊寅七月下弦記。

◎卷三末：張閎中問程伊川《易傳》不傳，伊川曰：「《易傳》不傳，自量精力未衰，尚覬少進爾，然亦不必直待身後，覺老耄則傳矣。書雖未出，學未嘗不傳也，第患無受之者耳。」伊川又云：「某於《易傳》已自成書，但逐旋修補，期以七十其書可出，更期以十年之功看何如。」循於此經用力久矣，旋修旋補，又有疑處。然年甫逾五十而精力已漸衰，先祖父年皆不及七十，循豈敢以七十自期，故屏去一切，晝夜聚力於此，偶閱伊川所言，不覺自感。

◎阮元《揅經室集・二集》卷四《通儒揚州焦君傳》：又有《易廣記》三卷。

焦循 易話 二卷 存

道光六年（1826）半九書塾刻六經補疏本

嘉慶道光刻、光緒刻焦氏叢書本

鳳凰出版社 2012 年陳居淵校注雕菰樓易學五種本

江蘇廣陵書社 2016 年劉建臻校焦循全集本

◎卷上：學易叢言（凡十八則）、易辭舉要（凡九則）、性善解（凡五則）、類聚群分說、說方上、說方下、說權（凡八篇，此錄其一，餘載《雕菰集》中）、通變神化論、小懲大戒論（丁卯呈郡守伊墨卿先生）、陰陽治亂辨、道德理義釋。

卷下：說太極、說當位、說旁通、春秋傳說易、爾雅釋易、戰國策引易傳、陸賈說易、賈董說易、韓氏易、淮南說易、說苑論易、高氏說易、劉子說易、目

不相聽考（丙寅答汪孝嬰）、周易用假借論。

　　◎各卷卷末題：姪孫授禮經官校字。

　　◎卷上首云：余既成《易學三書》，憶自壬戌以來數十年間，凡友朋門弟子所問答，及於易者，取入三書外，多有所餘。復錄而存之，得二卷，目為《易話》，以其言質無深奧云爾。嘉慶戊寅三月三日。

　　◎阮元《揅經室集・二集》卷四《通儒揚州焦君傳》：凡友朋門弟子所問答及於易者，取入三書外，多有所餘。復錄而存之，得二卷，曰《易話》。

　　◎光緒《江都縣續志・藝文考》第十上：《易話》二卷。

焦循　易通釋　二十卷　存

　　上海藏雕菰樓易學本原稿（不分卷）

　　嘉慶道光刻、光緒刻焦氏叢書本

　　山東藏道光九年（1829）廣東學海堂刻皇清經解・雕菰樓易學三書本

　　山東藏光緒二年（1876）衡陽魏氏刻焦氏叢書・雕菰樓易學三書本

　　上海藏民國初油印本

　　山東藏臺北成文出版社 1976 年無求備齋易經集成影印道光九年（1829）刻皇清經解本

　　山東藏臺灣新文豐出版公司 1983 年大易類聚初集影印道光九年（1829）刻皇清經解本影印

　　九州出版社 2003 年李一忻點校易學三書本

　　鳳凰出版社 2012 年陳居淵校注雕菰樓易學五種本

　　江蘇廣陵書社 2016 年劉建臻校焦循全集本

　　◎各卷卷末題：男廷琥孫授書授易授詩校字。

　　◎目錄：卷一元，亨，利，貞。卷二悔，吝，吉、凶，厲，無咎。卷三易，交，當，應，乘、承，通，往，來，至，幾。卷四剛、柔，大、小，新、舊，遠、近，內、外，上、下，進、退，得喪，存亡，生、死。卷五道，命，性，情，才，教，則、法、律，仁、義、禮、信、知，譽、懼，功，權，民，君子、小人。卷六遇，告，食，求，與，見，居，所，處，允，辨，待，遲，反，敵，方，類，羣，醜，願，試。卷七包、容，繫、牽、引、茹，維，發，顛、窒、慎、塞，遂，養、育、字，飾，親、好、愛，故、事，施、設，尸，克、伐、征，亢，密，雜、文，定、寧、成、安、息，虞，戒。卷八光，時，實，盈，

寡、孤，眾，獨，久、永、長，速、疾、遄，怠、緩、徐、慢、裕，樂、笑、
喜、慶，憂、恤、號。卷九疑、或，害，匪，艱、難，窮，終，亂，惡、災、
眚，潛、伏、隱、藏，輕、蔑、誅、滅，汔、斯、隍、索、沙、干，素。卷十
握、渥，獲、穫，蕃、藩、嶓，祥、詳、羊、翔，衹、衹，約、酌，豹、繘，
狗、拘，髮、拔，膏、高，弟、娣，梯、涕，華、夢，輪、綸，寵、龍，石、
碩、顝，角、桷，頄、仇、九，宮、躬，紱、沛，起、杞，茀、拂，攻、工，
巳、止、祀，纇、桑，立、泣，幹、翰，祿、鹿，爛、蘭，連、漣，摭、糜，
暉、揮，形、荊。卷十一初筮、原筮，丈人、丈夫，牝馬、牝牛，虎變、虎視、
虎尾，射雉、射隼、射鮒，由豫、由頤，甘節、甘臨，頻復、頻巽，冥豫、冥
升，休復、休否，介福、介疾，敦復、敦臨、敦艮，鳴謙、鳴豫、鳴鶴，童蒙、
童觀、童牛、童僕，天行、志行，矢得、失得，曰閑、曰動，三就、三錫、三
驅、三接、三襫，金矢、金鉉、金車、金夫、金柅，盈缶、鼓缶、用缶，簋貳、
二簋，致一、一致。卷十二成有渝、官有渝，无首吉、无首凶，咸其脢、艮
其脢，解而拇、咸其拇，羸其角、羸其瓶，來兌凶、來復吉，終无尤、終无
咎，得黃金、得金矢、得黃矢，艮其趾、賁其趾、壯于趾、壯于前趾，需于
郊、同人于郊，同人于野、龍戰于野，否之匪人、比之匪人，困于酒食，需于
酒食，田獲三品、田獲三狐，喪牛于易、喪羊于易，得其資斧、喪其資斧，我
心不快、其心不快，自我致戎、自我致寇，三歲不興、三歲不得、三歲不覿、
三歲不覯、三歲不孕，並受其福、實受其福、于食有福、受茲介福，日中見
斗、日中見沬、日中則昃、日中為市，同人先號咷而後笑、旅人先笑後號咷，
王用亨于西山、王用亨于岐山。卷十三帝乙歸妹、帝乙歸妹，高宗伐鬼方、震
用伐鬼方，用拯馬壯吉、用拯馬壯吉，密雲不雨自我西郊、密雲不雨自我西
郊，先甲三日後甲三日、先庚三日後庚三日，臀无膚其行次且、臀无膚其行
次且，拔茅茹以其彙征吉、拔茅茹以其彙貞吉亨，或益之十朋之龜弗克違元
吉、或益之十朋之龜弗克違永貞吉，西南得朋東北喪朋、蹇利西南不利東北、
解利西南，老夫得其女妻老婦得其士夫、夫征不復婦孕不育、女承筐無實士
刲羊无血，箕子之明夷、其子和之、得妾以其子。卷十四利建侯、利建侯，月
幾望、月幾望、月幾望，有他吉、有他吝、有他不燕，田有禽、田无禽、舊井
无禽，取女吉、勿用取女、勿用取女，輿說輻、輿說輹、壯于大輿之輹，王假
有廟、王假有廟、王假有家，富以其鄰、不富以其鄰、不富以其鄰，不出戶
庭、不出門庭、獲明夷之心于出門庭，利用賓、不利賓，血去惕出、渙其血去

惕出、艮其輔、咸其輔頰舌、翰音登于天、初登于天。卷十五七日來復、勿逐七日得、勿逐七日得、勿逐自復，十年乃字、十年勿用、至于十年，大君有命、大君之宜、武人為于大君，往不勝、莫之勝說、終莫之勝吉、利涉大川、用涉大川、不利涉大川、不可涉大川，利武人之貞、利幽人之貞、武人為于大君、幽人貞吉，小有言、小有言、主人有言、昏媾有言、有言不信、聞言不信，致寇至、致寇至、匪寇昏媾、匪寇昏媾、匪寇昏媾、利禦寇、不利為寇利禦寇，不鼓缶而歌則大耋之嗟、出涕沱若戚嗟若吉、不節若則嗟若、萃如嗟如、齎諮涕洟无咎，一陰一陽、一朝一夕、日月運行一寒一暑、日往則月來月往則日來、寒往則暑來暑往則寒來，其義吉、其義凶、其義喪、其義焚、義无咎、義无咎、義无咎、天地之大義也、天地之大義也。卷十六章、節、閏，邱、陵，邑、國、邦，電，冰，泥、塗，穴、窘，溝、瀆、淵、泉、埔，次，鼻、脢、夤，股、肱、身、躬，孕，祖、考，朋、友。卷十七馬，鴻、楊，果，木，林、莽，莧陸，蒺藜、叢棘，瓶、甕，匕鬯，枕，鞶帶、屨，衣、裳，簪、弋，結繩，獄、荆。卷十八乾、離為乾卦、乾行也、噬乾胏、噬乾肉，坤，屯，蒙、以蒙大難，需、繻有衣袽、賁其須、歸妹以須、濡其首、濡其尾、若濡、賁如濡如，訟，師、利行師、利用行師、勿用師、用行師、大師克相遇，比、遇其妣，小畜、大畜、畜臣妾、畜牝牛、畜眾，履、履霜堅冰至、履錯然、跛能履眇能視、非禮弗履，泰，否、否臧凶、利出否、小人否，同人，上下交而其志同、二女同居其志不同行天地睽而其事同男女睽而其志通君子以同而異、二女同居其志不相得、柔得位乎外而上同，大有、大有得，謙、嗛於无陽，豫、君子以思患而豫防之，隨、執其隨、不拯其隨、隨風巽，蠱，臨，觀、觀頤、觀我朵頤、觀象也、觀於天文觀於人文、貞觀，噬嗑、厥宗噬膚、朋盍簪、賁、羭豕之牙、渙奔其机，剝，孚于剝，復、反復道也、復自道，牽復、其來復吉、勿逐自復、復即命，无往不復、城復于隍、夫征不復，无妄，頤、頤中有物，坎，離、疇離祉、飛鳥離之凶、非離群也、猶未離其類也、離群醜也、渙者離也。卷十九咸、咸臨、品物咸章、品物咸亨、萬國咸寧，恒、利用恒、立心勿恒、貞疾恒不死、行有恒、進退无恒、以恒也，遯、遯世无悶、遯世无悶、豚魚，大壯、女壯、馬壯、壯于前趾、壯於頄、剝牀、巽在牀下、從或戕之，晉，明夷、匪夷所思、遇其夷主，家人、不家、无家、子克家、承家、蔀其家，睽，蹇，解，損、益、天道盈虧而益謙，君子以裒多益寡，夬、夬履、藩決不羸、其君之袂不如其娣之袂良、兌為附決、震為決躁、姤、后不

省方、后以裁成天地之道輔相天地之宜，萃，升其高陵，天險不可升也，困、困蒙、其義不困窮矣，其吉則困而反則也，井，革、執之用黃牛之革、鼎耳革、乾道乃革，鼎，震、振恒、震用伐鬼方、振民，艮，漸、其所由來者漸矣，歸妹、帝乙歸妹、女歸、歸而逋、與人同者、物必歸焉、天造草昧、日中見沬，豐，旅、商旅不行，巽、上巽也、順以巽也、順以巽也、順以巽也，兌、用說桎梏、輿說輹、後說之弧、莫之勝說，渙，節、失家節、中節、剛柔節、不知節、節飲食，中孚、孚、有孚、匪孚、罔孚、斯孚，大過、小過、過旬、有過則改、赦過宥罪、天地以順動故日月不過，既濟、未濟、天道下濟而光明。卷二十易有太極、與時偕極、失時極、不知極、六爻之動三極之道也，天地之數五十有五、大衍之數五十其用十四有九。

◎自敘：循承祖父之學，幼年好易。憶乾隆丙申夏自塾中歸，先子問日所課若何，循舉小畜彖辭，且誦所聞於師之解。先子曰：「然所謂密雲不雨自我西郊者，何以復見於小過之六五，童子宜有會心，其思之也。」循於是反復其故，不可得。推之同人、旅人之號咷，蠱、巽之先甲後甲、先庚後庚，明夷、渙之用拯馬壯吉，益憤塞鬱滯，恒悒悒於胸腹中不能自釋。聞有善說易者，就而叩之，無以應也。乙巳丁憂，輟舉子業，乃徧求說易之書閱之，於所疑皆無發明。嘉慶九年甲子，授徒家塾，念先子之教越幾三十年，無以報命，不肖自棄之罪曷以逃免？竊謂卦起於包犧八卦成列，因而重之，命之以名。文王以其簡而不易明也，繫以彖辭。周公以其簡而不易明也，繫以爻辭。密雲庚甲，以爻辭釋彖辭也；笑號馬壯，爻辭自相釋也。然而猶不易明。我孔子韋編三絕而後贊焉，且不一贊而至於十贊者，佐也，引也，佐文王、周公之辭，引而申之也。包犧之卦參伍錯綜，文王、周公之繫辭亦參伍錯綜，故小畜、蠱、明夷之辭互見於小過、巽、渙之辭也。文王、周公之辭以參伍錯錯繫之，孔子十翼亦參伍錯綜贊之，所以明易之道者備矣。七十子歿，道在孟子。孟子道性善、稱仁義，惡楊墨之執一、斥儀衍之妾婦，皆所以闡明孔子之學，而脗合乎伏羲、文王、周公之旨。故孟子不明言易而實深於易。其商瞿所受、杜田生所傳，散見於孟喜、京房、鄭康成、荀爽、虞翻之說，不絕如縷。惜乎漢魏諸儒不能推其所聞，以詳發聖人之蘊。各持其見，苗莠雜糅，坐令老、莊異端之流出而爭之矣。循既學洞淵九容之術，乃以數之比例求易之比例，向來所疑，漸能理解。初有所得，即就正於高郵王君伯申。伯申以為精銳鑿破混沌，用是憤勉，遂成《通釋》一書。丙寅以質歙縣汪君孝嬰、南城王君實

齋,均蒙許可。然自以全易衡之,未敢信也。丁卯春三月遘寒疾,垂絕者七日。昏瞀無所知,惟《雜卦傳》一篇往來胸中。既瘳,遂壹意於易。明年,以訟事伺候對簿,改訂一度。己巳,佐歸安姚先生秋農、通州白先生小山修葺郡志,稍輟業。庚午又改訂一度,終有所格而未通。身苦善病,恐不克終見其事。辛未春正月誓於先聖先師,盡屏他務,專理此經。日坐一室,終夜不寐。又易稿者兩度。癸酉二月,自立一簿以稽考其業,歷夏迄冬,庶有所就,訂為二十卷,皆舉經傳中互相發明者會而通之也。聖人之義精矣妙矣,後生末學,寧能洞澈其全?得一二端以俟君子之引而申焉,可矣!聖人既以參伍錯綜者示其端倪,舍此而他求,烏能合乎?後之說易者,或有取乎愚之說也。嘉慶十八年十一月冬至前二日。

◎汪萊跋:夫絪縕構象,垂策者犧。苞符獻徵,通靈者牙。事既當文,辭且逮旦。然而演命于孔道,經備矣。慨自荀、虞嵌實,輔嗣遁虛,十翼不宗,九家散出,三名未析,二氏交攻,扇其流風,幾同膐熄。吾友焦君里堂,駻臂其人,折衷此道,知隤動之有見,念枝屈之不辭,取龍還震,取馬歸乾。夨冰于剛,雨通于正,千目一綱,六闢四達,觀者駭為變本,作者志主復初,庶幾下古之微言,不襲憑虛之鑿度,後有君子推而別之,若是則彬彬矣。歙汪萊作。

◎阮亨跋:里堂先生少與吾兄雲臺講求經學及六書九數百家之言,既無不周,遊齊魯吳越間,一至京師,與當世通人賢士相結納。四十外歸臥北湖,築雕菰樓,藏書數千卷,足不入城市,而專力於易,垂二十年《易學三書》成。英煦齋冢宰謂先生之學過於孫明復、李泰伯,手臨趙孟頫所書說卦五十六字遺之,又集蘇長公句云:「手植數松今偃蓋,夢吞三畫舊通靈」,以表先生之學。姚秋農司農、湯敦甫宗伯,亨見時談次亦極推重此書,勸公諸世,先生因亨從遊最久,命跋數語。惜亨質魯未窺萬一,而先生之德之學見稱於名卿者,亦無庸及門贅一詞矣。嘉慶己卯十月望,受業儀徵阮亨謹識。

◎裔榮跋:先生刻《雕菰樓易學》成,榮嘗任校字之役,因請問易之義例。先生曰:「伏羲之卦有畫無辭,文王、周公以辭指其畫之所之,其辭一如解祘術者之用甲乙丙丁等字,譜琴聲者之用勹乚廿畾等字,一望似不可解,一一求之則三角之弧線弦切、聲音之抑揚高下,隨求而得。學易者於所繫之辭,求其比例引申,則知六十四卦三百八十四爻所之之吉凶得失。徒執所繫之辭,牽合義理,皆景響也。且枝枝葉葉,何得一以貫之。」又云:「算圖之

甲乙丙丁皆借用，而易辭則有借用亦有實指；琴譜之ㄅㄑ冚凵皆實指，而易辭亦有實指亦有借用。不拘一例，隨在以為引申。又如說四聲者，不曰平上去入，而曰天子聖折。天子聖折四字自成文理，實平上去入之假借。易辭各自成文理，而其實各指其所之。」榮以先生之言，按之於易，深歎奇確，為二千餘年所未發。王侍郎以為鑿破混沌，阮宮保以為聖人復起不易斯言，良不誣也。先生書成，嘗以程伊川作易傳，期七十其書乃出，因亦以十年待之。適英大冢宰手書令刻，榮等亦勸早刻公世，先生乃翻然曰：「聖人之學，雖再閱三五十年，亦奚敢云能盡？且年來緣易學而悟得孟子之學，撰《孟子正義》，以與易學相發明，可先以易學質諸世。」遂於戊寅之秋授榮等讎校付梓。先生於三書外尚有《易話》二卷、《易廣記》三卷、《注易日記》三卷、《易餘籥錄》二十卷。又《王氏易補疏》二卷，與《尚書》《毛詩》《禮記》《春秋左氏傳》《論語》諸《補疏》相屬，為《六經補疏》共二十卷，皆與易學並成。近則既輯《孟子長編》三十卷。今秋又草創為《孟子正義》三十卷，見在討論修飾，未以示人也。又手編《書義叢鈔》四十卷，以舊撰《禹貢班志鄭注釋》二卷附於末。先生自壬戌歸臥北湖，以經學自課，除一出佐修府志，餘皆閉門謝客，所成經學之書百數十卷。榮既校刻易學，因述所聞如此。嘉慶己卯冬十一月日至，受業裔榮謹識。

　　◎董士錫《齊物論齋文集》卷二《書焦循易通釋後》：江都焦循之言易也，曰旁通，盡六十四卦而兩之，成三十二旁通卦，為變動之本。曰時行，盡三十二旁通卦，皆合二卦以互變，以就一陰一陽既濟之位，以二五先動而初四三上後之，曰當位，非其序，曰失道。又以兩卦皆成，既濟為終窮，於是初四動則三上止、三上動則初四止，三十二旁通卦皆歸於既濟。益及既濟，咸其釋之也。一卦之辭既隘，則取佗卦爻辭之相類者比而屬之，以彼證此。復不足，則又剙為相錯比例之說，轉輾牽合，而六十四卦無定形焉。其訓釋依於《說文》、《爾雅》、《廣雅》、《釋名》諸書而又剙為引申之說，以廣為傅會。又不可通，則以聲之假借求合而強為比坿于一字一聲者，眾矣。是故泰、既濟卦德之盛者也，循以為失道之尤，是不知名卦之義也。三才六位，一陰一陽之謂道也，循以為終窮，是不知立卦之義也。旁通升降變動元亨利貞之用，天人之大道也，循皆襲用其名而盡革其實，力排孟、京、荀、鄭、虞義而自尊其說，且于聖人觀象畫卦之原、八卦生六十四卦之故，略不一及。烏乎，可謂誕矣。夫天下無盡棄前人之注釋而一字一句義必以出者，今循既不

用消息互卦爻辰，而直釋人事以古證今如《程傳》者又舍不用，是以隘也。且荀、虞、鄭氏之易，故非以為弈棊弄丸之比以供無事時之玩娛也，必將上稽諸天下揆諸物中驗諸人，以求古今治亂之象、聖人奉天時行之跡。後之釋易者不能兼通，猶必有其一端而後其言得立。吾不知循之書于二者奚當也？雖曰即其所謂時行者亦可推諸人事之一端，夫既舉諸儒之說而盡廢之矣，又可以推乎哉？

◎焦循《雕菰集》卷首《紀略》：

儀徵阮雲臺宮保（元）《定香亭筆談》云：焦里堂，江都人。樸厚篤學，邃於經義，尤精於天文步算，與李尚之、凌次仲為談天三友。秦道古、李爛城之書久無習者，里堂與尚之特講明天元大衍求一之術。所著有《羣經官室圖》《里堂學算記》《毛詩傳箋異同釋》《草木鳥獸蟲魚釋》《毛詩釋地》《乘方釋例》《孫子》《算經》注皆爬梳抉摘，多前人所未發。餘事為詩詞，亦皆老成。

江都王柳村上舍（豫）《羣雅集》云：里堂江都人，嘉慶辛酉舉人。著《雕菰集》。里堂與江鄭堂皆以淹博經史為藝苑所推，時有二堂之目。

儀徵阮梅叔明經（亨）《瀛舟筆談》云：吾鄉善天文者，國朝自陳曙峰以下代不乏人，今時如焦里堂師、沈方鐘，其錚錚者也。方鐘嘗撰《星球圖說》一篇質於家兄，文法仿《考工》而語足以達之，有劉原父擬經之精而無戴東原割圜之晦，斯可貴也。里堂師步算之外尤精易學，英煦齋冢宰稱其過於孫明復、李泰伯。

甘泉江鄭堂上舍（藩）《漢學師承記》云：焦里堂名循，一字理堂。江都人，家黃子湖。嘉慶辛酉舉人，聲音訓詁天文麻算無所不精，淡於仕進，閉戶著書，五經皆有撰述。刊行者《羣經宮室圖考》《理堂算學》《易學》《北湖小志》。

儀徵李艾塘上舍（斗）《揚州畫舫錄》云：焦循字里堂，北湖孝廉。熟於《毛詩》《三禮》，好天文律算之學。鄭兆玨、鄭偉、王準皆與之游。所著有《毛詩草木鳥獸蟲魚釋》三十卷、《毛詩釋地》七卷、《羣經宮室圖》二卷、《禮記索隱》數十卷、《焦氏教子弟書》二卷。又有《釋交》《釋弧》《釋輪》《釋橢》《乘方釋例》《加減乘除釋》共二十卷，皆言算術也。本朝推步之術，王、梅之後則有江慎修、戴東原、錢曉徵，錢視二家尤精。與里堂友者，汪孝嬰、凌仲子、李尚之，並通是學。李尤善，為錢之高弟子，錢稱其愈己焉。里堂之子廷琥字虎玉，亦善三角八線之法。

儀徵阮仲嘉明經（亨）《淮海英靈續集》云：焦里堂先生學行誠篤，尤精推步之術。四十外足不入城，築雕菰樓藏書數千卷，著《北湖小志》《雕菰集》《易學》《孟子義疏》行世。卒年五十八。亨輓聯云：學易重雕菰，記侍先生杖履；明輕愧桃李，曾居夫子門牆。

◎光緒《江都縣續志·藝文考》第十上：焦循《易通釋》二十卷。

焦循 易圖略 八卷 存

國圖藏雕菰樓易學本（原稿本）

南京藏稿本（焦循跋）

山東藏嘉慶道光江都焦氏刻焦氏叢書·雕菰樓易學三書本

山東藏道光九年（1829）廣東學海堂刻皇清經解本

山東藏光緒二年（1876）衡陽魏氏刻焦氏叢書·雕菰樓易學三書本

山東藏臺北成文出版社 1976 年無求備齋易經集成影印道光九年（1829）刻皇清經解本

山東藏臺灣新文豐出版公司 1983 年大易類聚初集影印道光九年（1829）刻皇清經解本

續四庫影印上海藏江都焦氏刻雕菰樓易學本

齊魯書社 2002 年歷代易學名著整理與研究叢書·易章句導讀本（陳居淵）

九州出版社 2003 年李一忻點校易學三書本

鳳凰出版社 2012 年陳居淵校注雕菰樓易學五種本

江蘇廣陵書社 2016 年劉建臻校焦循全集本

◎目錄：卷一旁通圖第一。卷二當位失道圖第二。卷三時行圖第三。卷四八卦相錯圖第四。卷五比例圖第五。卷六原卦第一、原名第二、原序第三、原象象第四、原辭上第五、原辭下第六、原翼第七、原筮第八。卷七論連山歸藏第一、論卦變上第二、論卦變下第三、論半象第四、論兩象易第五。卷八論納甲第六、論納音第七、論卦氣六日七分上第八、論卦氣六七分下第九、論爻辰第十。

◎自序：余學易所悟得者三：一曰旁通，二曰相錯，三曰時行。此三者皆孔子之言也，孔子所以贊伏羲、文王、周公者也。夫易猶天也，天不可知，以實測而知。七政恒星錯綜不齊，而不出乎三百六十度之經緯；山澤水火錯

綜不齊，而不出乎三百八十四爻之變化。本行度而實測之，天以漸而明；本經文而實測之，易亦以漸而明。非可以虛理盡，非可以外心衡也。余初不知其何為相錯，實測經文傳文而後知比例之義出於相錯，不知相錯則比例之義不明；余初不知何為旁通，實測經文傳文而後知升降之妙出於旁通，不知旁通則升降之妙不著；余初不知其何為時行，實測經文傳文而後知變化之道出於時行，不知時行則變化之道不神。未實測於全易之先，胸中本無此三者之名；既實測於全易，覺經文傳文有如是者乃孔子所謂相錯，有如是者乃孔子所謂旁通，有如是者乃孔子所謂時行。測之既久，益覺非相錯、非旁通、非時行，則不可以解經文傳文，則不可以通伏羲、文王、周公、孔子之意。十數年來，以測天之法測易，而此三者乃從全易中自然契合。既撰為《通釋》二十卷，復提其要為《圖略》，凡圖五篇原八篇發明旁通相錯時行之義；論十篇破舊說之非。共二十三篇，編為八卷，次《章句》後。闚如郭守敬生劉洪、祖沖之、何承天、傅仁均、一行之後，悟得歲實消長，不用積年日法，非能越乎前人，亦由前人之說而密焉耳。夫祖沖之立歲差、傅仁均立定朔，當時泥古者驚為異說。余以此三事說易，亦祖氏之歲差、傅氏之定朔也。知我者益加密焉，余之所深冀也。嘉慶癸酉十一月冬至前五日，焦循書於半九書塾之倚洞淵九容數注易室。

◎朱駿聲《傳經室文集》卷二《書焦孝廉循易圖略後》：焦里堂循《雕菰樓易學》一書以九章之正負比例為易意，以六書之假借轉注為易詞，雖其間不無心得，而傅會難通者十居八九。吾賞其用心之勤而惜其立言之固，此所謂有詞而無理者。其一旁通，即升降也。謂既濟一卦之外皆當變，易本卦初四、易二五、易三上，易無可易則旁通他卦，亦初四、二五、三上相易，此本虞氏而小變其說者。其二相錯，即比例也。比例分十二種，蒙革為困賁之相錯，故「困蒙」；暌蹇為旅節之相錯，故「中節」繫蹇；家人解為豐煥之相錯，故豐稱「蔀其家」；鼎屯為噬嗑井之相錯，噬嗑食也，故鼎「雉膏不食」；需晉為比大有之相錯，大有眾也，故晉稱「眾允」，比，樂也，故需稱「燕樂」；小畜豫為大壯觀之相錯，故「輿輹」見大壯小畜；謙履為臨遯之相錯，故「尾」見履遯；小過中孚為歸妹漸之相錯，大過頤為隨蠱之相錯，大過二之頤五成咸則「過以相與」，中孚二小過五成咸則「與爾靡之」，所謂「與」即咸之「感應相與」。而歸妹既成隨則係于蠱，蠱既成漸則係于歸妹，故蠱二之五即大過二之頤五、歸妹二之五即中孚二之小過五，漸係歸妹，不能兼隨，

即不能兼大過之「過以相與」；隨係蠱，不能兼漸，即不能兼中孚之「與爾靡之」，故云「不兼與」，非相錯則兼與之義不明也。咸損為艮兌之相錯，艮「艮其輔」即咸之「其輔咸」、「咸其腓」即艮之「其腓」；損傳「一人行，三則疑」，兌傳「行未疑」，即一人行之行，兌以「朋友講習」，正發明損之「得其友」也。共有四圖，其第一圖尚有理，故錄其大略如此。其三時行，即變化也，變通也。二之五為大、中為元，上下相應為亨，所謂「大中而上下應之」也。剛柔正為貞、位當為利，所謂剛柔正而位當也。先二五變，後初四、三上變，為當位；不俟二五而初四、三上先行，為失道。如乾二先之坤五成同人、比四之坤初應之乾成家人、坤成屯為當位，若家人上之屯三成兩既濟，其道窮矣。此六龍所以窮之災也。乾二不之坤五而四先之、坤初乾成小畜、坤成復，為失道。若以小畜通豫、以復通姤，小畜復初四，雖先行，而豫姤初四則未行，以豫姤補救小畜復之非，此不遠復之所以脩身也。亦成一家之言，難云千慮之得。

焦循 易餘籥錄 二十卷 存

稿本

嘉慶二十四年（1819）刻本

光緒刻木犀軒叢書本

江蘇廣陵書社 2016 年劉建臻校焦循全集本

◎阮元《揅經室集・二集》卷四《通儒揚州焦君傳》：君《易學》既成，數年中有隨筆記錄之書，編次之得二十卷，曰《易餘籥錄》。

◎光緒《江都縣續志・藝文考》第十上：《易餘籥錄》二十卷。

焦循 易章句 十二卷 存

國圖藏雕菰樓易學原稿本

嘉慶道光刻、光緒刻焦氏叢書本

山東藏道光九年（1829）廣東學海堂刻皇清經解・雕菰樓易學三書本

山東藏光緒二年（1876）衡陽魏氏刻焦氏叢書・雕菰樓易學三書本

上海藏民國初油印本

山東藏臺北成文出版社 1976 年無求備齋易經集成影印道光九年（1829）刻皇清經解本

山東藏臺灣新文豐出版公司 1983 年大易類聚初集影印道光九年（1829）

刻皇清經解本影印

◎國圖藏原稿本扉頁有簽記一條：此為未修版以前印本，宣統初元得於開封，越二十四年後閱一過。揆初記。

◎刻本各卷卷末題：男廷琥孫授書授易授詩校字。

◎目錄：卷一上經章句弟一，卷二下經章句弟二，卷三彖上傳章句弟三，卷四彖下傳章句弟四，卷五象上傳章句弟五，卷六象下傳章句弟六，卷七繫辭上傳章句弟七，卷八繫辭下傳章句弟八，卷九文言傳章句弟九，卷十說卦傳章句弟十，卷十一序卦傳章句弟十一，卷十二雜卦傳章句弟十二。

◎易章句敘（一題易章句敘目）：歲癸酉所為《易通釋》《圖略》兩稿粗就，而足疾時發，意殊倦，《章句》一編未及整理之也。甲戌夏，宮保芸臺阮公自槽帥移節江西，過里中，問循所為易何如，因節錄其大略郵寄請教。宮保今歲書來，極承過許，且言質之張古愚太守，亦詫為奇，索見完本。於是五月閒令門人子弟寫《通釋》《圖略》共二十八卷。既畢，因取《章句》草稿手葺之，凡五閱月始就。用為初稿，俟更審正之也。時嘉慶乙亥冬十二月除夕燈下，焦循記。

◎焦循《雕菰集》卷十三《上座師英尚書書》（摘錄）：循自壬戌歸家，即留心於易。越十二年至乙亥，成《易學》四十卷。循以聖學深微，未容遽測，稿雖數易，未敢語人。前年宮保阮公索循稿本，並勉促撰完。今年擬以此稿呈請教誨。五月閒親自手寫至十月，左臂筋痛牽掣右腕，不能速書，內中《圖略》一本《章句》，第七卷以下係倩人寫完，正在覓便寄入京師。適同門汪煜有信寄來湖中，道老夫子有信問循所著之書，且命寄一二種看看。循病伏鄉里，動息無狀。辱承關注，至此因記宋仁宗時天下太平，韓、富、范、歐諸賢同輔於朝，時平陽縣孫復舉進士不中，受范公教，因學《春秋》，著《尊王發微》十二卷傳於齊魯間。南城李覯應制科未第，歸而學禮，著《禮論》七篇、《周禮致太平論》五十一篇，請正於范公、富公。說者謂君明臣忠之世，草野儒生得以修明經學。循之才不及孫、李兩君，而幸所生之世文治光昌、明良喜起，遠過於慶歷、皇祐之時。疾病餘生，既不能効力於簿書奔走，苟得於經

學中稍有所就，以彰聖之化及於鄉僻者如此，是則循之志爾。謹以所作《易章句》十二卷、《易通釋》二十卷、《易圖略》八卷，共為《雕孤樓易學》四十卷，叩頭再拜，呈於座下，伏乞誨正，指其疵謬，求賞大序一篇冠之卷首，不勝悚惕依戀之至。嘉慶丙子十二月初一日。

　　◎焦循《雕菰集》卷十六《思堂道聽錄序》：余生質極鈍，然每得一書，無論其著名與否，必詳閱首尾，心有所契，則手錄之。余交遊素少，然每有以著作教我者，無論經史子集以至小說詞曲，必詳讀至再至三，心有所契則手錄之。歷二三十年，盈二尺許矣。今歲所著《易學三書》稿初就，而陽氣虛憊，不耐冥思。性又不樂閒曠，求為其易而不甚用思者。夏秋以來，乃取此而編次之為五十卷，令兒子廷琥編寫目錄，據耳目所及，非有所軒輊去取於其間。其論說有異同，兼錄之，廣聞見，通神明也……嘉慶甲戌秋七月書於紅薇翠竹亭。

焦循　仲軒易義解詁　三卷　存

　　鈔本

　　◎周按：此書釋乾坤屯蒙四卦，餘不及。書分上中下三卷，卷上首尾不全，中下兩卷均題「江都焦循定稿」，然循子焦廷琥所撰事略未著錄此書。尚秉和考證此書係偽託。

焦循　周易補疏　二卷　存

　　道光六年（1826）半九書塾刻六經補疏本
　　光緒十一年（1885）上海點石齋石印本
　　上海藏嘉慶二十二年（1817）刻本
　　嘉慶道光刻、光緒刻焦氏叢書本
　　道光刻、咸豐補刻皇清經解本
　　續四庫影印上海藏道光六年（1826）半九書塾刻六經補疏本
　　江蘇廣陵書社 2016 年劉建臻校焦循全集本

　　◎周易補疏敘〔註26〕：易之有王弼，說者以為罪浮桀紂，近之說漢易者屏之不論不議者也。歲壬申，余撰《易學三書》漸有成，夏月啟書塾北窗，與

〔註26〕又見於焦循《雕菰集》卷十六，題《群經補疏自序‧周易王氏注》，末無「焦循自敘」四字。

一二友人看竹中紅薇白菊，因言易及趙賓解箕子為荄茲，或誚其說曰：「非王弼輩所能知也。」余笑而不答，或曰：「何也？」余乃取王弼注指之曰：「弼之解箕子正用趙賓說。孔穎達不能申明之也。」眾唯唯退。門人進曰：「《正義》者，奉王弼為準繩者也，乃不能申弼，如是乎？」余曰：非特此也。如讀彭為旁、借雍為甕、通孚為浮而訓為務躁、解斯為廝而釋為賤役，諸若此，非明乎聲音訓，何足以明之？東漢末以易學名家者稱荀、劉、馬、鄭。荀謂慈明爽，劉謂景升表。表之學受於王暢，暢為粲之祖父，與表皆山陽高平人。粲族兄凱為劉表女婿，凱生業，業生二子：長宏、次弼。粲二子既誅，使業為粲嗣。然則王弼者，劉表之外曾孫；而王粲之嗣孫即暢之嗣元孫也。弼之學蓋淵原於劉而實根本於暢。宏字正宗，亦撰《易義》。王氏兄弟皆以易名，可知其所受者遠矣。故弼之易雖參以己見，而以六書通借解經之法尚未遠於馬、鄭諸儒，特貌為高簡，故疏者概視為空論耳。弼天資察慧，通儻卓出，蓋有見於說易者支離傅會，思去偽以得其真，而力不能逮，故知卦變之非而用反對；知五氣之妄而信十二辟，唯之於阿，未見其勝也。解龍戰以坤上六為陽之地，固本爻辰之在已；解文柔、文剛，以乾二坤上言，仍用卦變之自泰來，改換其皮毛而本無真識也。至局促於乘承比應之中，顓頊於得象忘言之表，道消道長，既偏執於扶陽貴少貴寡，遂漫推夫卦主，較量於居陰居陽，揣摹於上卦下卦，智慮不出乎六爻時世謬拘於一卦，洵童稚之藐識，不足與言通變神化之用也。然於觀則會及全蒙，於損亦通諸剝道。聰不明之傳，似明比例之相同；觀我生之爻，頗見升降之有合。機之所觸，原有悟心，倘天假之年，或有由一隙貫通，未可知也。惜乎秀而不實，稱道者徒飫其糠秕，譏刺莫探其精液。然則弼之易未可屏之不論不議也。於是每夕納涼柘籬蕉影間，縱言王弼易。門人錄之，得若干條。立秋暑退，取所錄次為二卷。迄今七年，《易學三書》既成，復取此稿訂之，列羣經《補疏》之首。有治王弼易者，此或可參焉否也。嘉慶戊寅五月五日，焦循自敘。

　　◎光緒《江都縣續志·藝文考》第十上：《周易王注補疏》二卷。

焦循　注易日記　三卷　存

　　國圖藏嘉慶十八年至二十一年（1813～1816）稿本

　　北京大學藏稿本（不分卷）

　　國圖藏鈔本

江蘇廣陵書社 2016 年劉建臻校焦循全集本

◎前記：余之學易，為撰《易學三書》，久久不能就。辛未，誓於先聖先師，至癸酉遂立一簿，以稽考所業，乃漸有成。因存之以示我子孫。嘉慶丙子六月廿七日，焦循記。

◎阮元《揅經室集‧二集》卷四《通儒揚州焦君傳》：自癸酉立一簿，自稽所業，得三卷，曰《注易日記》。

◎光緒《江都縣續志‧藝文考》第十上：《注易日記》三卷。

◎劉建臻有《焦循著述新證》可參。

焦源 讀易圖 佚

◎焦源，字文生。江蘇揚州人。焦循曾祖父。

金榜 卦爻斷義 一卷 存

上海藏鈔本

◎金榜（1735～1801），字蕊中，又字輔之。徽州府歙縣巖鎮人。少有大志，從江永學經，與戴震、程瑤田同學。又從桐城劉大櫆學古文，精篆籀。乾隆二十九年（1764）舉人，授內閣中書、軍機處行走。三十七年狀元，授翰林院修撰。任山西省鄉試、京都會試副主考官。外祖卒，服喪不出，專事讀書著述。又著有《禮箋》十卷、《海曲方域小志》一卷、《海曲拾遺》六卷、《莧門雜著》一卷。

金榜 解易輯要 一卷 存

上海藏鈔本

金榜 易經變卦 三卷 存

上海藏鈔本

◎道光《徽州府志》卷十一之三《人物志‧儒林》：易主虞氏，欲為一家之言，屬稿未定，授門人武進張惠言太史，後稟師說，成《虞氏易》一書，其嘉惠來學深矣。

金榜 周易考占 一卷 存

安徽藏光緒中南陵徐氏徐乃昌輯刻積學齋叢書本

◎卷首云：周官占法掌之占人，其例不著於經，載在《左氏春秋》及《國語》者，惟六爻不變、六爻盡變、一爻變、五爻變凡四者有占耳。六爻不變，以象占。昭七年孔成子以周易筮之曰：元尚享衛國，主其社稷，遇屯。《國語》公子親筮之曰：尚有晉國，得貞屯，悔豫皆八。董因曰：臣筮之，得泰之八，是也。一爻變以爻占。莊二十二年周史有以《周易》見陳侯者，陳侯使筮之，遇觀之否。僖十五年晉獻公筮嫁伯姬於秦，遇歸妹之睽。二十五年晉侯使卜偃筮之，遇大有之睽。襄二十五年崔武子筮之，遇困之大過。昭五年穆子之生也，莊叔以《周易》筮之，遇明夷之謙。七年孔成子又曰：余尚立縶，尚克嘉之。遇屯之比。十二年南蒯枚筮之，遇坤之比。哀九年陽虎以《周易》筮之，遇泰之需是也。五爻變以不變爻占。襄九年穆姜薨於東宮，始往而筮之，遇艮之八，史曰是謂艮之隨是也。爻無占之卦例，六爻盡變，乾占用九、坤占用六，餘則占之卦象。昭二十九年蔡墨曰：乾之坤曰見羣龍无首，吉是也。兩爻或四三爻變無占。《周官》大卜掌三易之法，一曰《連山》，二曰《歸藏》，三曰《周易》。《左氏春秋》《國語》亦有雜用《連山》《歸藏》者，今皆不著，著其占《周易》者如是。後世凡遇數爻變者，悉有占，失其傳也。聖人繫爻以斷吉凶，若雜占諸爻是吉凶，雜揉逆從罔據，孰從而斷之哉？蒙彖曰初筮，比彖曰原筮，《曲禮》卜筮不過三，《左氏春秋》昭七年孔成子筮遇屯又遇屯之比，《國語》晉公子筮過屯又遇豫，傳記言再筮、三筮者眾矣，則無占者宜改筮歟？《左氏春秋》《國語》略其無占者，其所占蓋有筮至再三者矣。

金誠 易經貫一 二十二卷 存

哈佛、上海、南京、山東、遼寧藏乾隆十七年（1752）愛古堂刻本

清華、遼寧、齊齊哈爾藏乾隆和序堂刻本

◎和序堂易經貫一總目錄：

元部：卷之首、詈言六則並附談餘雜錄〔註27〕四小卷。卷之一易學問徑說、程子易序、周子太極圖說、張子西銘、河圖洛書會講。卷之二伏羲卦象會講、八卦小橫圖、八卦小圓圖、六十四卦大橫圖、六十四卦大方圓圖、闢闔交

〔註27〕《談餘雜錄》卷前有乾隆五年嘉平月泰山趙國麟《談餘雜錄序》、乾隆壬戌陽春月之三日平原陸氏瓚《抄怡然子談餘雜錄序》、乾隆五年歲次庚申之二月十二日花朝金誠《談餘雜錄自敘》。

錯圖、甲子節氣圖、八卦本象圖、八卦合體圖。卷之三文王卦象會講、八卦次序圖、八卦方位圖、後天分宮卦象圖會講、彖傳卦變圖會講。卷之四啟蒙卦變圖會講、附朱子筮儀、啟蒙明蓍策說。

亨部：卷之首、經傳文讀本四小卷。卷之一程子篇義。上經乾坤二卦。卷之二上經屯蒙需訟師比小畜七卦。卷之三上經履泰否同人大有謙六卦。卷之四上經豫隨蠱臨觀噬嗑賁七卦。卷之五上經剝復無妄大畜頤大過坎離八卦。

利部：卷之一下經咸恒遯大壯晉明夷六卦。卷之二下經家人睽蹇解損益六卦。卷之三下經夬姤萃升困井六卦。卷之四下經革鼎震艮漸五卦。卷之五下經歸妹豐旅巽兌渙六卦。卷之六下經節中孚小過既濟未濟五卦。

貞部：卷之一繫辭上傳一章至七章。卷之二繫辭上傳八章至十二章。卷之三繫辭下傳一章至五章。卷之四繫辭下傳六章至十二章。卷之五說卦傳一章至十一章序卦傳上下二篇雜卦傳一篇。

◎和序堂易經貫一分卷目錄：

元部卷之首，內附談餘雜錄四小卷，共四十四章並自敘一篇外序二篇。元部卷之一內分五小卷：一易學問徑說有小序、一程子易序、一周子太極圖說有小序、一張子西銘序同太極圖、一河圖洛書會講有小序。元部卷之二伏羲卦象會講有小序、一八卦小橫圖、一八卦小圓圖、一六十四卦大橫圖、一六十四卦大方圓圖、一六十四卦闔闢交錯圖、一六十四卦甲子節氣圖、一八卦本象圖、一八卦合體圖。元部卷之三文王卦象會講卷三之一有小序、一八卦次序圖、一八卦方位圖、後天分宮卦象圖會講卷三之二有小序、彖傳卦變圖會講卷三之三有小序。元部卷之四啟蒙卦變圖會講四之一有小序、附朱子筮儀卷四之二、啟蒙明蓍策說卷四之三。

亨部卷之首，內經傳文讀本四小卷：一上經三十卦，一下經三十四卦，一繫辭上傳十二章、繫辭下傳十二章，一說卦傳十一章、序卦傳上下二偏、雜卦傳一篇。亨部卷之一，內上經二卦並篇義有全經小序，一程子篇義、一乾卦彖辭爻辭並本卦彖傳大象傳小象傳文言傳附後、一坤卦彖辭爻辭並本卦彖傳大象傳小象傳文言傳附後。亨部卷之二內上經七卦，屯蒙需訟師比小畜各彖辭爻辭並本卦彖傳大象傳小象傳各附後。亨部卷之三內上經六卦，履泰否同人大有謙各彖辭爻辭並本卦彖傳大象傳小象傳各附後。亨部卷之四內上經七卦，豫隨蠱臨觀噬嗑賁各彖辭爻辭並本卦彖傳大象傳小象傳各附後。亨

部卷之五內上經八卦，剝復無妄大畜頤大過坎離各彖辭爻辭並本卦彖傳大象傳小象傳各附後。

利部：卷之一內下經六卦有下經小序，咸恒遯大壯晉明夷各彖辭爻辭並本卦彖傳大象傳小象傳各附後。利部卷之二內下經六卦，家人睽蹇解損益各彖辭爻辭並本卦彖傳大象傳小象傳各附後。利部卷之三內下經六卦，夬姤萃升困井各彖辭爻辭並本卦彖傳大象傳小象傳各附後。利部卷之四內下經五卦，革鼎震艮漸各彖辭爻辭並本卦彖傳大象傳小象傳各附後。利部卷之五內下經六卦，歸妹豐旅巽兌渙各彖辭爻辭並本卦彖傳大象傳小象傳各附後。利部卷之六內下經五卦，節中孚小過既濟未濟各彖辭爻辭並本卦彖傳大象傳小象傳各附後。

貞部卷之一繫辭上傳一章至七章有全傳小序。貞部卷之二繫辭上傳八章至十二章。貞部卷之三繫辭下傳一章至五章。貞部卷之四繫辭下傳六章至十二章。貞部卷之五說卦傳一章至十一章有小序、序卦傳上下二篇有小序、雜卦傳一篇有小序。

◎和序堂易經貫一略言：夫天地之間非仁不生，非義不成。元亨在前以行乾道，利貞在後以盡坤道，寧非萬物之所為俯仰優游而利焉者乎？昔孟子師子思，嘗問牧民之道何先，子思曰：「先利之。」孟子曰：「君子所以教民，亦仁義而已矣，何必利？」子思曰：「仁義固所以利之也，上不仁則下不得其所，上不義則下樂為詐也，此為不利大矣。故易曰利者義之和也，又曰利用安身以崇德也，此皆利之大者也。」司馬溫公曰：「子思、孟子之言一也，惟仁者知仁義之利。孟子之對梁王，直以仁義而不及利者，所與言之人異故也。故孔子亦未嘗不言利，唯曰君子喻於義小人喻於利，以所喻區之則不以義為利，而利乃獎耳。粵稽羣書，元亨以先之，利貞以遂之，言義者莫如易，言利者莫如易矣。」乾道始之，坤道主之，而萬物樂其生生，余亦在其中。於是乎註易，與天下共明此義。越十寒暑而成帙，共二十二卷。述其略。

一、是書所著者皆易之迹象，所言者皆易之常經，故名易經。而易之常經乃即天地之常民，物事為之常也，變化動靜，無非因時就義以合常乎〔註28〕。朱子《本義》專以卜筮導之，亦所謂可使由之義耳。然理精辭括，難識其端。不得已而增釋之，雖累累多言，不敢溢一言於易之外也，讀者勿嗤其陋。

一、《易》之為書成自尼山之後，漢晉唐宋以來註疏講解者不下數百家，

〔註28〕周按：「合常乎」三字與前陳世倌序引「合乎常」異。原文如此。

卷中所引，明晰曉暢者具在，泛濫險僻者去之，非特欲其平正而不入於詭怪，亦以防其支蔓而有累精微圓湛之體耳，讀者勿厭其無奇。

一、易之有卦，無非顯托天地萬物變化之端以明道體之所在；易之有辭，無非所以註釋卦爻動變之意以明其實用之所歸。後之儒者略辭以言卦，則術數之學興而理入於晦，故世風不淳而奸暴得以縱其惡；遺卦以言辭，則道學之名勝而氣數象淪於無據，故人情莫定而刁巧得以甚其私。今合卦與辭而一之，而理氣象數之互求，則天地之間、古今之際，一以貫之耳。學者從事於此，寧不能貫而一之乎？茲書故名為《易經貫一》，是有望於後之君子。

一、理氣象數四者，觀於圖書則數獨顯，觀於卦爻則象獨顯，且天地之間舉目亦先見象而數隨之。然象之數易見，而氣之數則已隱。不知象因乎氣之消長，氣寓乎象之進退，其隱者可即於顯者推之耳。其所以然者，則謂之理，故彖爻之辭亦似乎專於釋象。而愚之增釋於《本義》之末者，亦似乎專於求象也。蓋因象以求理氣數也。如理則孔子之傳說獨詳，羲、文、周、孔蓋以一貫之耳。學者求之，寧不謂之貫一乎？故名之曰《貫一》。

一、易之包舉無遺物，學者先須於格致，故以《談餘雜錄》附之卷首以引其端，而後及於圖書，而後及於羲文卦圖，而後及於彖爻之辭，而後及於孔子之傳，而反求之，斯理氣象數明而易乃得。易蓋天地萬物神靈變化之道，卦爻其跡象耳，彖爻之辭其註腳耳。孔子之傳則通其義以明其端委而發其微，所以教人用易之意在焉。前儒之講解各主於一端，而理氣象數之相譏，故往往枝辭僻說，執於膠錮，而為學者病。是書剪其繁蕪，會而一之，庶幾渾然一理，源流可尋而易道可明云。

一、易道以時中為歸，順之則吉，逆之則凶，過不及則悔吝至。卦爻其自然之矩度，故其動變以為可法之象，或當從而從之，或當戒而戒之，乃所以法之也。彖爻之辭大抵各從其類以釋之，比類而觀，斯見一定之義於卦於爻，或於承乘比應、或於對待流行、或互體、或變端、或次序方位、或時候遇合與夫遭際之通塞險夷，聖人之辭，必確有是義斯有是言，大抵無一字虛設，所謂天聰明，非人之私智所見。愚之所以增釋者，不外此耳。易之所以難明，不作是觀之故。

◎陳相國序：《易》之為書廣大悉備，而約其大旨厥有三端，曰理、曰象、曰數。伏羲畫卦、姬聖繫辭、孔子十翼，言理而象數包乎其中。自後世以易為卜筮之用，每崇尚象數而遺理，而四聖之精蘊以隱。蓋理著而為象，象顯而

為數，有健順剛柔之德斯有高明博厚之形，有高明博厚之形斯有消息往來之運。若舍理而第論夫象數，則六十四卦三百八十四爻不過聖人之寓言耳。兩漢後，京、郭諸家窮象之隱微、究數之豪忽，晉復祖尚元虛，近釋氏之空談，著書解易而易之晦而不明也愈甚。微程朱二夫子，夫孰能撥雲霧而見青天哉。華亭金子閑存，持所著《易經貫一》問序於予。予反復讀之而知其用功深而收名遠也。部分元亨利貞為四，其自敘曰：「易之所著皆易之迹象，所言皆易之常經。而易之常經即天地之常民，物事為之常也，變化動靜，無非因時就義以合乎常。」旨哉斯言！《商書》「惟皇上帝，降衷於下民，厥有恆性」、《周詩》「天生蒸民，有物有則，民之秉彝，好是懿德」，凡以見天理之不外於常道也。易為性命之源，其精蘊不已盡揭於此乎？皇朝崇尚經學，膺是舉者皆蒙顯擢。而金子是書出之稍後，遂不獲預薦舉之列。物之顯晦固有時焉，然予固知此書之必傳於世而垂於後無疑也。夫金子之於易也，童而習之，歷壯盛而未嘗少釋，始而玩卦辭爻辭，繼而玩彖傳大小象傳，字字務求著落，詮解其求諸經文而不得，必攷諸註疏，復參諸儒先之說，罔敢偏狥臆見，妄生異同。心和氣平，惟《易傳》《本義》之是歸，夫然後於理象數三者一以貫之而成是書也。其用力也深，則其收名也遠，程朱嫡傳益大顯於天下，夫豈焦、京、管、郭之流言術數者之可等倫乎哉！是為序。旹乾隆十六年歲次辛未十月之望，海寧陳世倌書於澄懷觀道齋。

◎孫大司空序：天地設位，萬物散殊，而易行乎其間，則易貫天地萬物而咸在變變化化，進退動靜無時不易，而實千古不易。其易而不易者，聖人所著而為《易經》者也，是易著其變正所以昭其常，此道蓋漢唐以下程子、朱子得其大，邵子得其微。嗣是而後，聞其傳者或寡矣。雲間金子閑存者，于書無所不窺，而氣數之運行、物象之顯晦獨研窮而究其變化。及發為言以著其義，究不外日用之所常行，則金子為得程、朱、邵子之傳而獨見其精者歟？著有《易經貫一》，予於公政之餘偶得讀之，繹其神理，悠然以遠；觀其象占，燦然以明。細入毫髮而大包天地，其于易蓋已貫矣。既已貫之，則未有不一者也。倫有序、物有次，時位久暫皆有度，所謂易之經于是益顯，而四聖之心傳有託。豈止為程朱之功臣哉。後之學者，讀其書想見其為人，春風秋月、山峙水浮，歌焉詠焉，俯仰流連，金子之情在，金子之易在，故曰天地設位，萬物散殊，而易行乎其間。噫！惟善學者其善會之。旹乾隆十六年歲次辛未陽春月望後十日戊子，合河孫嘉淦撰。

◎沈少宗伯序：《易經》一書，本於乾坤。而乾坤存於卦畫。卦畫有象而易行乎其間，雖交易變易無不面面皆有依憑，不容絲毫走作，亦不容一息不貫也已。漢晉以來，講解註疏之家各樹標幟，而理氣象數分其塗，授受相傳，偏鑿執泥，而易之為道從茲以晦。宋興，周子、邵子出而振起之，程子、朱子宏其說而究極之，然隱括大旨、剔抉精微，延於習者不得其門則猶亂之也，淺於識者莫窺其奧則猶惕之也。眾說多岐，枝言競出，不淪於荒誕則入於渺茫，無可據恃，而《易》之為書幾於廢棄矣。我聖祖仁皇帝秉天亶之聰明，融卦爻之神髓，折衷有著，義蘊清釐，而諸家之是非邪正悉辨，理氣象數之脈絡盡達，所謂殊塗同歸而後知百慮一致，易之為道乃燦然復明如日月。怡然金子，幼而業之，長而通之，數十年工苦鑽研，為著《易經貫一》二十二卷，思所以羽翼《折衷》而廣聖學。其為言爬羅洗刮，節解句求，天人之交際盡泄，氣運之流衍斯通，而數陳象列，其於卦畫則更多探發，雖邵子不能及矣；彖象傳說貫串無遺，即程子朱子有攸賴焉。《折衷》之為後世洪修者，至是實見為後學之津筏。而金子又從而烘托刷染以出之，且其為言明白曉暢，深淺具徹，今而後俾讀之者目清心曠，萬物有永於團圞會合之慶矣。則《易經》一書豈止五經之原，《折衷》之為功不誠鉅也哉？是為序。乾隆壬申年四月望，歸愚沈德潛撰於淮北舟次。

◎張少司空序：《大傳》曰「易有太極」，太極一理而已，由太極之動靜而分陰陽，由陰陽之變合而生五行，由五行之資化而為男女，剛柔善惡，萬事萬物，六十四卦三百八十四爻布列周環，象以像之，數以紀之，而莫不貫於太極之一理，所謂放之則彌六合，卷之則退藏於密也。自漢以來言易者多各抒所見，大約得其理者未必喻其象，達其象者未必究其數。至宋儒周、邵、程、朱四先生出，闢諸家之繁雜，會四聖之精微，而理象數無不明焉。金子閑存潛心易學三十餘年，博採羣言，折中至當，由象數以窮理，因理以達象數，雖支分派別，莫不統歸於一原。書成二十二卷，曰《易經貫一》。昔吾鄉高景逸先生云：「天下之理患不一，不患不貫，一則自能貫矣。」又云：「求一於講辨，一何在哉。致力於吾之為道者，吾之身心一而天下疇不一者？」又云：「學必由格物而入，格物是隨事精察，物格是一貫。」今觀金子此書，是能致力於道者，是能一其身心以格物而物格者。道德之歸也有日矣，豈等詹詹焉言理言象言數、惟講辨之是求也哉？是為序。乾隆辛未五月既望，二泉有堂張泰開書。

◎秦少司寇序：伊川先生云：「古之學者一，今之學者三：一曰文章之學，二曰訓詁之學，三曰儒者之學，欲趨道，舍儒者之學不可。」夫所謂古之學者，豈得其一而遺其二耶？學問由窮經而入，窮經由訓詁而入，謂訓詁為儒者之學可也。道德發為文章，美而愛，愛而傳，謂文章為儒者之學可也。然則學分古今，只爭貫與不貫耳。雲間金子閑存著《易經貫一》二十二卷，由辭以明理，由象以顯義，自云合理氣象數而一以貫之。余觀其洞觀物理，反歸身心，蓋深有得于儒者之學，而訓詁弗遺，文章並茂，則又兼是三者而一以貫之矣。方今聖天子昌明正學，以經術鼓勵天下士，如金子者畜實學以待旁求，則大畜上九之占，于是乎卜之。皆乾隆歲次辛未中秋之月，錫山味經秦蕙田書。

◎吳少司空序：易有聖人之道四，曰辭變象占，而象為之原。立象盡意，繫辭盡言，即辭即象；變化者進退之象，即變即象；吉凶者失得之象，悔吝者憂虞之象，即占即象。毘陵錢先生有曰「六十四卦一象六爻之辭，字字有象，皆實有著落，不可推移，非可以己意憑空凌駕而語、旁引強索而證」是也。吾友金子閑存于易理精研三十年，著《易經貫一》凡二十二卷。余讀其書，見其牢籠天地，囊括萬物，本之身心性命之徵，證之修齊治平之寔，而理氣數悉本乎象以顯之。夫得言者忘象，未得意則由象以見其言；得象者志言，未得象則由書與言以見其象。象得而辭變占一以貫之。則金子之書，其有功于四聖不小也。乾隆辛未五月，同學弟梁溪吳鼎題。

◎楊侍御序：形上為道，形下為器，而理氣象數一以貫之。顧神明存乎其人，默成存乎德行，非易難知，易亦豈易易？吾友金子，怡然應直司天臺，仰觀俯察，殫悅心研慮之學，真積力久，亦庶幾乎探月窟、躡天根，有見於三十六宮都是春矣。邇以《易經貫一》示余，披覽至再，覺乾坤之所以絪縕、鬼神之所以變化、日月寒暑之所以錯行代明者，皆被吾友覷破。藏之名山者，即可推諸國門，四聖薪傳不墜，庸獨非斯文之厚幸也夫！乾隆壬申季夏，同學弟楊並鼎書。

◎和序堂易經貫一自敘：天高地下，成位乎中，人也，乃聖人之事也。而學者宗之，夫亦求完其賦予而成人乎哉？動有規，息有矩，循循於日用尋常而不越範圍，唯易乃至。蓋易者，運天地之節度以成其變化，曲成萬物而不遺，充周貫徹，幽顯交行，隨呼吸而咸在者也。故假年學易，可以無過，孔子歎之。獨是觀卦體、察爻變，奇耦之往來，有定象而无定時，苟非習熟鮮

克自由，苟非聰明鮮能自見。而經辭簡奧，傳辭圓深，營心於辭則忘卦，注情於卦則忘辭，加之眾說多岐，繁言紛出，則尤茫乎其若無畔岸矣。幸而生長清時，道法極盛，優游於化理之下，得覩夫御製之名編，伏誦既久，浸滛如漬，而稍稍有覺，遂若神來。於是乎聚群書而撮要，增己說以參求，集為是書，題曰《易經貫一》，意在合卦與辭而一之，與同志共入陶鎔，以仰答我聖朝之教養也。於戊辰之二月九日上書吏部，濟齋先生有曰：「蓋聞天地會合以得中而生人，人得天地之中而立品，其品不一，其中不二也。淆於所稟，困於所習，偏正出，智愚分，則不二者若背塗而趨，而不齊之事紛然。其間交變錯雜，眾動異情，主於上者幾於无所綜攝，遊於下者幾於无所適從，於是審其道而施之教，非反本求源不可，非因時調治亦不可，故庖犧準河圖而作易。」夫取法於河圖者，取法於天地也。源本天地之至中，時本天地之大用，故風淳則導之文彩以開其明悟，世盛則率之簡易以引其歸塗，乃所謂通變，乃即所謂損益也。而唐虞三代咸師之，以創萬世之程式。變則從之而變，化則從之而化，唯神明主之，故非易不可。凌遲至於春秋戰國，名利爭勝而求治之心不固，巧詐亂法而斯道泯。孔孟起而修之，時中之義，純乎易也。僅傳其籍而未能張皇於當時，無位之故。漢唐以下，振起者屢屢，然不過相延耳。其間通斯意者，王、孔、程、朱之賢，各乘風會而暢厥旨，雖典籍燦陳，而未及施行。有三代之教而亦未成三代之治，孔孟之業不墜而孔孟之心未安，每為學士歉之。然所謂治者，論其意而非跡。及於我朝，運際中天之中，篤生聖哲以啟大中之治。聖祖仁皇帝紹鴻基而傑起，簡賢良，時制度，闡斯文之奧，以達天地之心而順天地之情。群書彙集，《周易折衷》炳煒於天下，三代之意著矣。且《折衷》折衷於朱子者也，朱子之學謹嚴，故《折衷》之籲隆盛已至。然而其道精微，下民未克周知，故其書僅授於宿學。今我皇上道積厥躬，繼中出治，而求治之心如渴，身自講習，無所不備，用昌大業，無所不至，尊禮大臣，以為股肱耳目，則目無所不明，耳無所不聰，而手足皆舒矣。此即用易之用而神乎其道者也。如老夫子老先生，尤精於學而專於易，用泣冢宰，衡鑑人才，何其當乎！用率庶常，宣揚易道，何其宜乎！贊襄折衷，以輔明聖。而裕於家修者，有《實踐錄》《易經圖解》以為指南，有《周易補註》以盡前賢未盡之蘊，以昭一中而精其義，易道不由是而遂可大昌矣乎？且曰補註，亦以補朱子之義為多也。於以見聖祖之家教，於以見皇上之傳心，於以見夫子之承先啟後，實足為盛世王化之宗師也。誠受書讀之，三復之，徹夜揣摩而

心求之，幸天牖其衷而袪其蔽，雖未成習，亦得畧窺其意以領其微，口則能言而手則能指，雖未必悉當，或不至遠遁於夫子之名訓而越其圍。倘更引以置之門牆之側，俾沐風浴化以成其業，則老夫子繡座尊嚴，宣講莫及之處，如閭閻黨巷，有志沉淪，誠必能為之廣布以盡其情也。何者？身無職要，閒散自由，且類與民近而易親，同類從遊，往來多便，苟有裨於夫子之教而與天下共遊於王道坦蕩之中，以親見易道之行，不唯私願已足，亦庶幾不負我聖朝百年教養之恩，俾後人且咸謂聖朝之實多良民也。豈非盛事？豈非盛事？況易道行而王道愈足，老夫子之功昭然獨揭於中天，益以見皇上之神聖英明，用賢徵效，有直接乎唐虞三代之隆矣。萬姓之受福既多，萬年之頌聲不朽，乃可見中天之中，其盛尤出於常時之運會有如此焉。寧不偉哉！此千古而一遇者也。誠之私志如此，是歲夏五月端午，與同宗顥望書曰：「昔人有知音之感，亦相遇之殊難耳。如我兄足下，弟向以儔人視之。昨晤談而後乃知非儔人也。不然何所論之恰合於是，所謂學有根柢，自是與人不同。故我嘗謂今古之異者以時，人心之異者以學，學勝則時不能囿而超乎俗矣。獨惜澡鑑之林或寡高明，而真得之士不泥行迹，往往與世浮沉而莫之辨，豈不見是而無悶者存乎其中，則不炫異而矜能者自甘苦節耶？至性可以千古，軀體未必百年，即不獲當我身親承王道之行以濟斯民之用，可不善圖以曲自全之而庶幾其萬一？此弟之所以亟有所謀而因機而及之也。況以今溯昔，世之所以紛紛者，大抵皆欲自生以生人，以順造化之流。生之不得，而制度典、教化廣，所謂登斯民於袵席者，安有他哉？至若窮理盡性，袪吾心之蔽而保其天，夫亦曰窮則獨善、達則兼善，以盡三才之義而完其賦予。豈必韜光斂跡，知希我貴，而沉溺於枯槁寂寞之鄉，斯乃稱善？鳥獸為羣而斯人不與，蓋非吾儒之所重也。弟既知兄，兄亦自能知弟，唯幸一為協力，以扶同人之志，以培天德之常，所裨實多矣。」是皆所謂欲仰答我聖朝之意也，敘以及之，且盡所以成是書之意云。時在乾隆乙巳王正月元旦，敘於燕臺客館之南牕。

◎乾隆壬戌陽春月之三日平原陸氏瓚《抄怡然子談餘雜錄序》：怡然子蓋博物好古，研精易理已三十餘年。

◎秀水盛百二《柚堂續筆談》：金誠別號怡然子，是書計八十餘萬言，曲沃李氏捐貲刊於都中。

◎摘錄《元部・卷之一・易學問徑說・序》：夫易之為物，細則入，巨則包，動則不可測，止則不可擬，以為靈，至靈也；以為神，至神也，而排其

門、坐其堂、居其室，不戞戞乎難哉？然室則有戶矣，堂則有階矣，門則有徑矣。聖人不以无縫之卵遺後生矣，使欲居其室者欵戶、欲坐其堂者歷階，而欲排其門者問徑，徑得而門焉在望，於是乎拾步以趨，誰則援而止之而止。爰取歷代名儒之說，裁其句，剗其節，次其義而屬之，而額以《易學問徑》之題，以弁諸簡端，與同志共相研究云。

◎摘錄《元部‧卷之一‧周子太極圖說‧序》：太極溯易道之本，而自顯入微、自微之顯，其圖如毬，讀之識易道體段。《西銘》訓易道之用，而自天及人、自人還天，其圖如毬，讀之見易道實跡，既識其體，又見其實。會而通之，易道雖大，其端已求。求而得之，易道雖神，其機操，於是循塗以進，拾級以登，其堂在邇、其室可窺矣。而占筮之妙義、處事之良方，豈猶墻外視之哉。故不審冒昧，取而繼諸易序之後、置諸圖卦之先，以當入門問戶之說，用便同志。亦庶幾周張二子之意歟！

◎摘錄《元部‧卷之一‧河圖洛書會講‧序》：易之為易，果神妙而不可求矣。然其歸總不外乎理象數。夫數者陰陽消長之節，即易道往來之度；象者陰陽聚散之形，即易道變化之迹；理者陰陽動靜之本，即易道微顯之原。究其原、觀其迹而按數，則易之全能具在，又烏可得而遁耶？雖然，理難明也，欲明其理，必先乎象；象難識也，欲識其象，必先乎數。此伏犧所以俯仰之餘，猶必待河圖而畫卦也。則圖書誠宜亟講歟？

◎摘錄《元部‧卷之二‧伏羲卦象會講‧序》云：卦象，統乎太極而本於數者也。太極之義既明而數亦得，乃可進言之矣。然而欲求卦象，猶當先識其體之所以立與其氣之所以運。蓋識其體之立，則操之有其要，而變化不我疑；識其氣之運，則用之有其方，而順逆不我幻。不幻不疑，則卦象可得，而卦德亦可得。卦德得而太極圖書愈以進，於是乎觀象玩辭、觀變玩占，以措諸事，以考其應，有不吉利而神妙者乎？

◎摘錄《元部‧卷之三‧文王卦象會講‧序》云：易道託迹於陰陽、交行於五氣。而陰陽立其體質、五氣節其用度，雖本一理之變化，而循環其微顯幽明，自後先之相遞而有序也。其在於先，則犧圖之義已備，而造化之端委可尋；其在於後，乃文圖之象始昭而氣運之遷流以據。得其端委，因乎遷流，於體於用，表裏俱至，斯理徹者神通，而動靜之機不我遁、險易之境不我欺，吉凶之兆自瞭然於心目耳。此文圖之所宜講也。

◎摘錄《元部‧卷之三‧後天分宮卦象圖會講‧序》云：卦成於三畫、備

於六畫，而六畫之屬乎三畫者，蓋各有所歸也。其在先天，則因重有象，環布有圖，於橫於圓皆有可考；其在後天，則雖三畫有乾坤相索、坎離得位之圖，六畫有屯蒙反次、震兌東西之象，而於所歸屬者无稽焉。此漢儒所以因推占而更設分宮之卦、朱子所以因名義而亦著分宮之說歟？今即漢儒之卦，配以朱子之說，而為之立象於後天八卦之後以明其義。

◎摘錄《元部・卷之三・彖傳卦變圖會講・序》云：易備於理氣象數而盛於變。蓋變者易之所以運行而不窮者，如羲圖之錯綜消長、文圖之生克相資，皆變也。然屬在全圖，猶變之體而非用。若以用言之，則逐卦逐爻、或經或緯，且各自有變，而其變乃極，極其變而理氣象數无有方軌，斯易之神靈，不可迹而可迹，於以求其機、問其應，不即此而在乎？以五行時位參其微，真先天之嫡脈也。故彖傳發其端，而朱子因以立圖云。

◎摘錄《元部・卷之四・啟蒙卦變圖會講・序》云：易道有交易變易二義，而卦爻有對待流行兩端。夫交易者，所以成其對待者也，體也；變易者，所以致其流行者也，用也。然而體用一原，互相為易，不可以岐而二也。彖傳變象既設於前，《啟蒙》變圖自宜置之於後，以歸一轍，以完易學之大全歟？況易之為易，其本出於動變，而變卦未備則缺焉有憾矣。爰剖《啟蒙》，移其六十四圖謹置於後，俾篤志好修之士共賀合璧云。

◎摘錄《亨部・卷之一・序》云：理氣象數之具於諸圖者，其精義微情則備著於經傳。夫經傳所指，或即乎事、或即乎物、或即乎時與位，隨所見而及焉。蓋无非理氣之所運、象數之所歸，此朱子《本義》之釋之者所以每不離乎理氣象數而為言也。然而理氣象數又无非卦體爻畫之所呈，故經傳之辭，或根於卦、或根於爻，總无一字之或出於卦爻，而《本義》之所以釋之者亦然。然而經傳之意渾而函，《本義》之說簡而括，好學之士猶難之。是以不揣鄙陋，前探圖書羲畫之源，後參漢宋儒先之業，上以驗之天道之自然，下以究之人心之所主，而盡剖經傳之蘊藏，為之增釋於《本義》之末，用資同志居恒之商榷。雖非有當於文、周、孔子之所以為教，亦庶幾卜筮推占之一助云。

◎摘錄《利部・卷之一・序》：易者天地萬物之道，廣大悉備，其義發乎經傳而其端肇於乾坤，其情周乎六子而其用神於坎離。坎離，水火也，居五行之先，達陰陽之氣，體乾坤之撰，而持六子之中者也。其易之機括所存、道化之樞要所託乎？故上經首乾坤而終坎離，而為之按節以釋之，以昭其意旨

之所歸。然而乾坤坎離猶天地陰陽之大局也，其萬物宗於六子，則六子之所以運其功者，又當孰任其始末哉？山澤通天地之氣，雷風其鼓蕩而行之，水火其調劑以和之，而後其功有以運，則咸恒也、既未濟也，交陳其象而德協其義者也。故下經首咸恒而終既／未濟，而為之按節以釋之，以昭其意旨之所備。此《本義》之所為尊《周易》而存其道，以造後學無窮之福者也。其誼正，其功太，其義且獨精，而又為之統兩經而增釋於其間者，發其微以順時會耳，非徒為求詳者恣其說，而多辭以取蛇足也。讀者並鑒之。

◎摘錄《貞部‧卷之一‧序》：易之精微備極於經傳，而經辭各就事物時會之大凡，以著理氣象數之用。第理象顯而氣數隱，氣數多於无字句間出之也。傳則因乎理氣象數之義而深詳之，直抉天地之奧而析其源流。而其間交變錯雜、通塞順逆之悉辨，圖書卦畫與夫蓍策，蓋釐然矣。幽渺之情、寂感之意，无遠近巨細之畢貫，无虛實分合之具形，氣之運也、數之限也，限為之節，運為之行，而理動於自然，象呈乎靡迹，无纖毫絲髮之不明且盡矣，是氣數俱顯矣。隱而能顯，此傳所以有功於易，而為周經之羽翼也乎？然而其義愈詳，其辭自愈入於精微，其源愈晰，其意自愈進於渾成，此《繫辭傳》所以不得分配於六十四赴，而獨自成其兩篇也。《說卦》《序卦》《雜卦》諸篇仍之，蓋亦不可分配，故合之凡五篇。《本義》為之按章釐節而句釋之，則精微者已徹、渾成者胥剖，其源其流不並瞭如指掌之可觀矣乎？而又為之增辭而加釋之者，總以風會日開、人情曰懈，而漸欲導之以會歸於一本而反其真耳。此蓋聖人繫辭立傳之本意，非我之所私，亦非我之所敢晦也。唯君子諒之。

◎摘錄《貞部‧卷之五‧說卦傳‧序》：易為天地神明之德之用，而萬物之性情變動具焉。故理氣象數四端，於易无不備。自伏犧畫卦以來，其迹寓於卦畫。而文周繫辭以後，其道盡於象爻。孔子為之會其義通其微，而作傳以翼之，其精妙之意旨，觀玩卜筮之大凡，已於《繫辭》兩傳發之詳矣。然而辭為輔、卦為體，犧文所以立卦序卦之說，與夫卦體之大象，未極其明，則於易之所以為體者，猶有憾焉。於是更作《說卦》《序卦》《雜卦》諸傳於後以發之，與前《彖》《象》《文言》共成十翼，斯於易之體用所指，乃燦然若星漢之在天而无所遺矣。先聖賴之，復學承之，孔子之為功於天下萬世，而有以成天地之能者，又何如哉？

◎摘錄《貞部‧卷之五‧序卦傳‧序》：易本於天地，而通乎陰陽剛柔之

氣者，先天之道也；主於水火而運乎春秋冬夏之序者，後天之道也。其義既
著於卦畫、布於國家，而前傳亦發之盡矣。然水火為天地之大用，春秋冬夏
何莫非陰陽剛柔，其間對待通於流行；而時令之變化生成長養，相承乎古今，
晝夜以繼；其治亂反覆於人物紛紜之際者，其先天乎，其後天乎？蓋天人合
德，而渾而同之，自別有序，如兩經上下之次矣。此亦文王之特識，為垂至教
於无窮者也。故孔子并為之立傳於後以明其大署云。

◎摘錄《貞部‧卷之五‧雜卦傳‧序》：易之為道不外乎交易、變易，而
卦之為用總歸於對待流行。序卦取反對以立體者也，然其相承之際皆一治一
亂之所由行，非所謂變易以成基流行者乎？有流行必有對待，造化之所以本
於陰陽、治亂之所以運於剛柔也。第序卦流行之次，既已異於圓圖之所布，
則其為對待之義，又自有通變必然之理。孔子所以更考之反對相次之間，為
之取而出之，特立為傳以備其說焉，亦序卦之所為蘊然也。而謂之雜者，於
序卦之次言之。夫按節以觀，不取乎卦之交畫，即取其情與義，總不外乎剛
柔之交而成陰陽之對，豈非所謂交易以成其對待者乎？而又何雜也？謂之雜
者，於序卦之次言之。

◎四庫提要：是書分元、亨、利、貞四部，元部載略言六則，談餘雜錄四
卷，易學問徑說、程子《易傳序》、周子《太極圖說》，張子《西銘》及河洛卦
象諸圖與會講之語。亨、利兩部解上下經，而亨部之首冠以經文定本四卷及
程子篇義。貞部解《繫辭》、《說卦》、《序卦》、《雜卦》，以用注疏本，故止此
四傳也。其大旨以程《傳》、朱《義》為歸。

◎金誠，字閑存。華亭（今上海）人。

金承業 寡過錄稿 佚

◎民國《全椒縣志》卷十《人物志》條：好潛心《周易》及性理書，著有
《寡過錄稿》，黟縣陳仲威見之成為畏友。

◎金承業，安徽全椒人。金烜孫。

金墀 讀易管窺 佚

◎光緒《壽州志》卷二十三《人物志》：著有《讀易管窺》《讀詩管見》
《琅琊紀程》《南旋紀署》諸書。

◎金墀，字仲丹。壽州（今安徽壽縣）人。廩生。博覽書史。

金大成　易解露研　二卷　存

吉林清初鈔本

上海藏乾隆鈔本

◎或著錄四卷。

◎金大成，浙江仁和（今杭州）人。

金莪　周易圖說　二卷　佚

◎民國《修武縣志》卷十四《文苑》：精易理，著《周易圖說》闡先後天之數，發前人所未發。

◎民國《修武縣志》：《周易圖說》上下篇，二卷，金莪撰。為圖十有八：河圖、洛書圖、圖書合數方圖、圖書相借三角圖、圖書相並三角圖，河圖洛書相並三角圖、河圖洛書加減乘除圖、陰靜陽動圖、陰陽動靜圖、洛書勾股圖、河圖畫八卦圖、八卦次序圖、伏羲六十四卦次序圖、伏羲六十四卦方位圖、後天改先天八卦方位圖、先後天陰陽八卦序卦圖、一卦變八卦圖、一卦變六十四卦圖。為說十有四：上篇易總圖說、河圖說、洛書說、河圖洛書合數說、河圖洛書世代說；下篇則圖畫卦則書演疇說、八卦所屬五行說、八卦三圖合一說、先天八卦相錯說、後天改先天卦說、後天六十四卦說、卦爻說、筮說、跋開方圖說。自序謂：「實按諸圖之象數，而默識其精義妙道之所存，雖出於獨闢戶牖之見，然無一毫牽強穿鑿，譬如掘地得泉，自然流出，說心研慮，不能自止。」惜以貧未能付梓，其苦心不可沒也。

◎金莪，字長山。河南修武人。乾隆三十三年（1768）歲貢。

金奉爵　三易演符圖說　佚

◎同治《六安州志》卷三十三《文苑》：著有《三易演符圖說》《韻學思問編》各若干卷。

◎金奉爵，字祿頤。安徽六安人。年十四補諸生。食餼後抱沉疴臥牀九載，手不釋卷。卒年三十九。

金谷春　讀易質疑　二卷　存

山東藏光緒二十五年（1899）刻本

國圖藏 1919 年鉛印本

◎敘：《北史・儒林傳敘》稱：「南北章句好尚不同：江左《周易》則王輔

嗣，河洛《周易》則鄭康成。唐詔定《正義》，舍鄭取王，乃宗江左；南學孔
氏穎達撰《正義八論》，不詳鄭、王師承。」陸氏德明《釋文敘錄》但云河南
鄭眾、北海鄭某並傳費易，獨至山陽王弼師承從闕。晁公武《讀書志》謂王弼
亦傳費易，非也。《舊唐書‧孔穎達傳》：「明王氏易」、《陸德明傳》：「受學於
周玄正，善言玄理」、《陳書‧周玄正傳》：「通《老子》《周易》。梁武帝詔答
曰：自商瞿稟承，子庸傳授，田生表菑川之譽，梁邱擅琅邪之學，代郡范生、
山陽王氏」。梁武敘《老》《易》師承，自魯商瞿而橋庇子庸，而菑川田王孫，
而琅邪梁邱賀，而代郡范生，皆與兩漢《儒林傳》合。《漢書‧儒林傳》文多
不載，《後漢書‧范升傳》：「升代郡人。習《梁邱易》、《老子》。教授後生。」
蓋王弼《老》《易》昉自范升，習梁邱易，不與先後鄭並傳費易。後漢范升與
先鄭同時，下距曹魏王弼百人，而范升、楊正以後，王弼、鍾會、荀融、何晏
以前，《老》《易》傳授均已失載。《魏志‧鍾會傳》：「會與山陽王弼並知名。
王弼注《易》及《老子》。裴注引會母傳：「會好《易》《老子》」，又引弼傳：
「弼注易。穎川荀融難弼大衍義，弼答其意。」又《荀彧傳》裴注引《荀氏家
傳》：「融與弼會論《易》《老》義。」《世說‧文學》劉注引《魏氏春秋》：「何
晏善譚《易》《老》。」《晉書‧范甯傳》：「浮虛相扇，儒雅日替。其源始於何
晏、王弼。二人之罪深於桀紂。」蔚宗不載《老》《易》傳授，亦豫章君之家
法使然也。然依孔《正義》本王弼注，攷校《漢書‧淮南憲王欽傳》王駿諭指
所傳《梁邱易佚義》及史徵《口訣義》，疊引先鄭所傳費易佚注，大旨尚不相
悖。近焦孝廉《補疏》輒謂弼注同於後鄭，則知《老》《易》雖譚玄理，而易
家之故訓大誼猶有擯落未盡者，較之韓注繫辭，少勝一籌也。《齊書‧陸澄傳》
澄與王儉書曰：「《易》自商瞿至田何，數百年後乃有王弼，眾經皆儒，惟《易》
獨玄。且弼注經中已舉《繫辭》，故不復別注。專取弼《易》，《繫》說無注。」
蕭齊以前，弼注單行，尚無續本。《釋文敘錄》：「《繫辭》已下王不注，相承以
韓康伯注續之。」梁褚仲都、陳周玄正竝作《易義》，但據《繫辭》下。《正
義》周氏、莊氏竝為九章，而褚疏則《繫辭》已下全未之及。《釋文》《正義》
以韓注續弼注，當是承用周疏之舊。惟大衍之數《正義》韓氏親受業於王弼，
似於年世不符。《魏志‧鍾會傳》裴注引弼傳：「正始十年遇厲疾亡。」推至東
晉簡文帝咸安元年，已積一百二十三年。《晉書‧韓伯傳》：「伯字康伯。簡文
帝居藩，引為譚客，卒年四十九。」魏正始十年即嘉平元年，是時康伯未生，
而弼傳既云「荀融難弼大衍義」，弼論大衍，必有專書，康伯猶及見之，不假

親受業而承其旨也。往歲忝主南菁講舍，每與鹽城金孝廉蓉谿綜論弨注原委，必多心得。轉瞬五年，《讀易質疑》旋成二卷，故訓大誼，多所發明。陰陽災變，姑置勿道。易教絜靜精微，固已思過半矣。茲因郵寄商推，謹復述《老》《易》家法，竊冀互相質證云。光緒己亥孟冬，慈谿林頤山謹敘。

◎金谷春，辛亥後易名式陶，字鞠逸。福建泉州梅山鎮蓉谿人。

金恒 正易大經 存

國圖藏光緒鉛印本

金檢 周易輯徵 佚

◎乾隆《德州志》卷九《人物》、道光《濟南府志》卷五十六《人物》十二：著有《毛詩正韻》《周易輯徵》。

◎孫葆田《山東通志》卷百二十七《藝文志》第十：是書見《州志》。

◎金檢，字斯循，號松居。山東德州人。雍正乙卯拔貢。敏而好學，讀書有得，必手書之。菏澤劉蘇村謂其靜穆渾涵有粹然學者風。年四十七而卒。著有《毛詩正韻》《周易輯徵》。

金景芳 易通 不分卷 存

商務印書館 1945 年鉛印本

吉林文史出版社 1987 年排印學易四種本

臺灣文聽閣圖書有限公司 2009 年林慶彰主編民國時期經學叢書本

上海古籍出版社 2015 年金景芳全集本

金景芳 周易講座 不分卷 存

吉林大學出版社 1987 年排印吉林大學古籍研究所叢刊本

廣西師範大學出版社 2005 年排印本

上海古籍出版社 2015 年排印金景芳全集本

金景芳 周易全解 不分卷 存

吉利大學出版社 1981 年排印本

上海古籍出版社 2005 年修訂本

上海古籍出版社 2015 年排印金景芳全集本

金景芳 周易繫辭傳新編詳解 不分卷 存

遼海出版社 1998 年排印本

上海古籍出版社 2015 年排印金景芳全集本

金琦 易典雲襄 二卷 存

國圖藏嘉慶刻本

金人瑞 通宗易論 一卷 存

北大藏康熙六十一年（1722）俞卿刻本（附來氏易注）

日本京都大學藏乾隆九年（1744）傳萬堂刻唱經堂才子書彙稿本

國圖藏宣統二年（1910）順德鄧氏風雨樓鉛印風雨樓叢書本

1914 年楊嘉年石印唱經堂集要四種本

民國上海錦文堂石印金聖歎全集本

◎條目：義例、五十（西堂總公）、乾坤、十六卦（為《法華》十六王子說）、八小卦（為《五燈會元》說）。

◎周按：《義例》條謂義、文例在乾坤二畫，周公例在用九用六，孔子例為陰陽剛柔仁義。《五十》條論五十之數，謂五十合一即是世尊胸前卍字輪；《乾坤》條論乾坤之義。《十六卦》條論乾、坤、震、巽、坎、離、艮、兌、否、泰、損、益、咸、恒、既濟、未濟等十六卦之義。《八小卦》條謂屯、蒙卦達磨遇神光時，需卦香岩辭溈山時。或引《詩經》、《論語》、《孝經》以相參證，或引佛書禪學以相比附。

◎周按：《唱經堂才子書彙稿・語錄纂》（卷之一）乃金氏論易之言，多文士之論，非經師篤論，然與此書參互觀之，可管窺金氏易學端倪。

◎摘錄《義例》：讀書當先明義例。義例明，雖五千四十八卷，如指掌耳。大易為改過而作，是必有義。有義因以起例，例之所在，義之所在也。義、文例在乾坤二畫，周公例在用九用六，孔子學易，韋編三絕，鐵撾三折，漆書三滅，遂自立為例，曰陰陽、剛柔、仁義，而於陰陽剛柔中確然見伏羲正、文周中，天地正、聖人中，上經中、下經正，因更有例曰中、曰正，而隱括之曰時，然則陰陽剛柔者例之始，乾坤者例之又始。故曰乾坤為眾卦父母也。

◎摘錄《五十》：易是天地之事，學易是聖人之事，天地聖人，命為三才，各仗自己氣力作事，從來抗不相下者也。乃後之聖人必欲以兩家會而通

之，於是建立「五十」兩字。建立五字時，即以聖人之學，七縱八橫，通達轉來而為天地。建立十字時，即以天地之易，齊齊整整，約束過來而為聖人。而後乃知：方，天地即是聖人；圓，聖人即是天地，從來非有兩事也。天地聖人既非兩事，則五十兩字亦復合一，即世尊胸前萬卍字輪也。然雖如是，而學易之法必須五以五之、十以十之。五以五之者，五其十也；十以十之者，十其五也。今日為當先說五，為當先說十，五是天地之盛德，即是易字；十是聖人之大業，即是學字。

◎摘錄《乾坤》：云何為乾？祗據現在一法，迅疾起滅，不曾暫停。卦之曰乾，乾卦本小，而破於一物，翻出萬物，以其棄小就大，為萬物資始，故曰大。云何為坤？邊約大千微塵，瀰布無外，不漏一絲，卦之曰坤。坤卦本大，而借彼前法，出生後法，以其如法各得為萬物資生，故曰至。乾，約人之卦也；坤，約法之卦也。聖人意重在人不重在法，人不終則法不始，故乾坤雖齊舉，而必先乾後坤，所以明坤必本乎乾之義也……今日開經，如此說去，須知有二大法門。何等為二？一者無量善法，同時俱興，謂之興善法門；一者從前執我，應時歇滅，謂之破惡法門。所興之善，有塵塵剎剎，猶如紅爐，所破之惡，祗一塵一剎，喻如點雪，從此乾坤二卦以往，總是一卦興善一卦破惡，直至濟未濟，無不皆爾。

◎摘錄《八小卦》：屯蒙需訟至小畜履八卦，為小學卦。於中屯蒙需訟為小始，小畜履為小終，而師比不與焉。師比，文字之卦也……一部《五燈會元》，都是弄粥飯氣，已收在屯卦一卦裏邊。

◎《唱經堂才子書彙稿》所附廖燕《二十七松堂文集·金聖嘆先生傳》：尤喜講易，乾坤兩卦多至十餘萬言。

◎金人瑞（1608～1661），本張姓，名采，字苦采；明亡後改名人瑞，又名喟，字聖歎。江蘇吳縣人。諸生。因抗糧哭廟案為清廷所殺。稱《離騷》《莊子》《史記》《杜詩》《水滸》《西廂記》為六才子書，又嘗評點《水滸》《西廂記》二書。

金人瑞 易鈔引 一卷 存

日本京都大學藏乾隆九年（1744）傳萬堂刻唱經堂才子書彙稿本
上海貝葉山房 1935～1936 年鉛印中國文學珍本叢書本
◎條目：訂定卦位歌一首，先師大哉至哉結制解制圖一首。

◎摘錄訂定卦位歌：乾坤而後有屯蒙，需訟師比小畜履。小學卦終泰否始，同人大有及謙豫。隨蠱臨觀噬嗑，賁剝復无妄大畜配。頤大過兮到坎離，上經三十卦如是。下經咸恒遯大壯，晉與明夷家人睽。蹇解損益又夬姤，萃升困井革鼎繼。震兮艮兮漸歸妹，加以豐旅及巽兌。渙節中孚小過來，既濟未濟三十四。

金榮鎬 讀易經偶錄 五卷 存

齊齊哈爾藏嘉慶二年（1797）刻本

◎謝代壎序略曰〔註29〕：吾師金莒汀潛心易義，乾九四爻或躍之義，解者有向乎天龍，體欲飛未飛習飛云云，吾師每閱此，心則不懌，以謂自四以下皆人臣之位，安有敢向乎天欲飛習飛乎？因取易全經象象之辭，句梳字櫛，必脈絡明、義旨醇，心始安之。嘗曰：「吾於象象有未能猝得其義者，則從夫子傳文思之，即無不豁然解。或躍在淵，義本傳『進德修業』之文也。解、蠱之先甲後甲，義本傳『終則有始』之文也。」代壎受業門下，親承指授，心悅其解，以為有益後學，故為繕寫以付梓。

◎光緒《重纂光澤縣志》卷二十八《寓賢錄》：立說喜異先儒，然常發前人所未發。有《大學解》《易經解》《詩經解》行世。

◎光緒《重纂邵武府志》卷之二十五《儒林》：（朱仕琇）所成就弟子，在建寧則黃鳳翔、金榮鎬、何曰誥、陳績、李天炎。

◎光緒《重纂邵武府志》卷之二十九《藝文》：《讀易偶錄》五卷、《讀詩偶錄》四卷、《讀大學偶錄》一卷，乾庚舉人金榮鎬撰。

◎劉聲木《桐城文學撰述考》卷四「金榮鎬撰述」：《莒汀古今文》、《莒汀遺詩》《莒汀制義》、《讀易偶錄》五卷、《讀詩偶錄》四卷、《讀大學偶錄》一卷。

◎金榮鎬，字帝京，號莒汀。福建建寧人。乾隆庚子舉人。朱仕琇倡學灘溪，榮鎬師事最早，稱高第弟子。主講本邑書院。又著有《莒汀文集》《莒汀古今文》《遺詩》《雜著》。

金生 易義纂 佚

◎光緒《重修奉賢縣志》卷十七《藝文志》：《易義纂》（國朝金生撰）。

〔註29〕錄自民國《建寧縣志》卷二十五《雜著》。

金士麒 易義來源 四卷 存

山東藏光緒二十三年（1897）胡念修校刻刻鵠齋叢書本

◎一名《周易來源》。

◎目錄：卷一圖說：吳覲華先生像象金針，河洛解，太極圖說，羲文八卦次序，因而重之為六十四卦圖說，先天八卦方位圖說，先天六十四卦方圓合一圖說，後天八卦方位圖說，後天方位出震章說，分羲文錯綜圖說，八卦變六十四卦圓說，八卦正位說，上下經篇義，經傳字義，筮儀，占法。卷二上經。卷三下經。卷四繫辭上傳、繫辭下傳、說卦傳、序卦傳、雜卦傳。

◎易義來源凡例：

一、易字有交易變易兩義。交易以對待言，如天氣下降、地氣上騰也；變易以流行言，如陽極變陰、陰極變陽也。

一、《易》分上下兩經，上經以天地為萬物之男女，故首乾坤，泰否其樞也，終坎離，天地中之水火也。下經以男女為一身之天地，故首咸恒，損益其樞也，終既濟未濟，人身中之水火也。上經三十卦，下經乃三十四卦。不知上經乾坤大過頤坎離六卦外，餘二十四卦為十二卦之反覆；下經中孚小過外，餘三十二卦亦為十六卦之反覆；上下經各得十八卦，其數適均。

一、相傳彖辭為文王在羑里時所繫，爻辭為周公居東時所繫，是也。作易者其有憂患乎？蓋指周公居東時也。

一、十翼孔子所作，其次第如彖曰大哉乾元、至哉坤元，此贊乾坤之彖，一翼也。彖曰屯剛柔始交而難生，此解卦辭之彖，二翼也。象曰天行健地勢坤，此教人學易之大象，三翼也。潛龍勿用，陽在下也，此解爻辭之小象，四翼也。文言，五翼也。上繫，六翼也。下繫，七翼也。說卦，八翼也。序卦，九翼也。雜卦，十翼也。

◎自敘：余隻身宦粵，三絪篆，不能名一錢，人謂余拙。余因念巧於宦者矣，入世後即狂謀謬算，乃其貧如故；或頗不貧，其及身之利益可恃，乃子弟已飽煖思淫欲，或至於不可為人，欲復如余子孫之依然儒素，而不可得。而余因感於吉凶悔吝之道矣。凡苦志經營，卒至享大名、膺厚實者，皆由悔而吉者也。迨富有家資，即不思為善，乃由吉而吝者也。其慳囊俟後人之適情縱欲，為害豈淺鮮哉？乃由吝而凶者矣。或孽海茫茫，能早回首，亦由凶而悔矣。毀吝吉凶，循環不窮，而其理早寓於易。《易》之為書也，童而習之，於義難識，而於象可求。余茲集象數言之，而約其旨於瞿塘來氏，故即顏之

曰《易義來源》。挹彼注茲,庶不至茫無一得。而所謂吉凶悔吝之道,或蒙養時即可以知之云爾。光緒乙未孟秋上澣,毘陵老人金士麒仁甫氏識。

◎序:修得及夫子之門,知吾夫子固毘陵舊族,自有宋劉記室諱憲宇君常以忤秦檜易姓金氏,至今凡尚氣節、崇理學者代有其人。若明季諱鉉諡忠潔,迨國朝諱敞號闇齋,兩先生其尤著者也。所世守縹緗,多毀於兵燹。至吾夫子一門殉庚申難後,惟靈光猶在,有官棄之。至仍挾青氈,常觀書自得,有不能唯阿處,輒斷斷於人,蓋猶是尚氣節也。其議論似廓落,然好談性命之學,蓋猶有闇齋與忠潔兩先生之家風焉。惜手著不以問世,偶於案頭見集有《易義來源》一稿,夫子以為此不得離象數也,當求其便解便讀,而吾年暮矣。修恭聆師訓,懼斯稿之久置而或有散佚也,爰亟詳校,壽諸棗梨,俾吾夫子生平學術之淵粹,得藉是書以略傳梗概焉。時光緒二十三年仲冬,受業建德胡念修幼嘉謹序。

◎金士麒,字仁甫。江蘇武進人。監生。

金士升 易經疏解 佚

◎同治《清江縣志》卷八《人物志》上:所著有《易經疏解》《史畧》諸稿,多散佚不傳(張《志》曰:士升所著《史畧》無傳,而《周易內外傳》為其鄰諸生楊嶸所藏。近嶸孫諸生學烈奉嶸遺命,請奉新吏部趙敬襄序而刻之,使先正手澤不致全湮,其用心亦良善矣)。

◎光緒《江西通志》卷九十九《藝文略》一《國朝》:《易經疏解》,金士升撰(《清江縣志》。字初允。謹按縣志,士升所著《史略》散佚無傳,而《周易內外傳》為楊嶸所藏,奉新趙敬襄為之序而刻之)。

◎金士升,字初允,學者稱陽溪先生。江西清江樟樹人。少從兼山楊廷麟遊,學問、行誼為兼山所重。補邑廩生。

金士升 易傳外篇 一卷 存

北京大學藏清鈔本
續修四庫全書影印北京大學藏清鈔本
◎條目:大易略論,乾,坤,乾坤。

金士升 易內傳 十二卷 存

北大藏清鈔本

國圖、山東、湖北、遼寧藏道光二年（1822）清江楊學烈退思堂刻本
續修四庫全書影印北京大學藏清鈔本

◎目錄：卷之一上經一乾坤屯蒙需訟。卷之二上經二師比小畜履泰否同人大有。卷之三上經三謙豫隨蠱臨觀噬嗑賁。卷之四上經四剝復無妄大畜頤大過坎離。卷之五下經一咸恒遯大壯晉明夷家人睽。卷之六下經二蹇解損益夬姤萃升。卷之七下經三困井革鼎震艮漸歸妹。卷之八下經四豐旅巽兌渙節中孚小過既濟未濟。卷之九繫辭上傳。卷之十繫辭下傳。卷之十一說卦傳。卷之十二序卦傳、雜卦傳，附易外論。

◎自序：《易》之為書，包蘊六經之旨，故說經者言易為難，用易為尤難。古今言易者不乏人，而考其行事，於周、孔之道不合，或智於謀人而拙於謀己。夫惟講之或失其旨，故用之未適於道也。余少受易塾師，齗曉句訓。既壯，覽漢唐宋儒傳註，與聞大義微旨。經剝亂以來，鍵戶蓬室中，日展經文玩味涵泳十餘年，始豁然於《易》之所以為書也。觀其假象稱名、取類析事，不可以一途盡，而要於統天道人事為一貫、心學治術為一體，精麤內外，細瑣不遺，究莫非此陰陽之義。故以氣言之曰陰陽，以德言之曰易簡。易簡一太極也，太極之理散見於天地之間而渾全於聖人之心，學者非明乎聖人作易之心、深求聖人所以用易之理，安能自治治人，而冀行事之合乎道哉？余不度紕陋，思欲發前賢未盡之蘊，乃折衷羣說，斷以己意，為內傳〔註30〕卷，立論有沿有別：沿者非勦說，即前人言中之緒為之申明以暢其意；別者非立異，要反復經文推闡聖人設卦觀象之本旨。將使天下後世之沉心學易者讀余之書而摘余所未當，因以益求其所未至，則易道彌引伸而不窮。夫易雖以象數著，而倚於象數以言易，易反晦，又不若專言理之足以蔽象數。故邵子之易推乎數，不如程子之易準乎理。理者象數之本，變化云為之極至，而歸於有定，吾人用易之主也，余亦言其理之可據者而已矣。今乃有不治易而妄謂易無定解，或又講之不詳而自命能用易者。昔管公明善易不言易，非故秘其道，誠有見於用易之難，而浸言之反以禍易也。《繫辭傳》曰「易之為道也屢遷，不可為典要，唯變所適」，而又曰「率其辭而揆其方，既有典常，苟非其人，道不虛行」，易可易言也哉？順治戊戌首冬，清江陽溪金士升書。

〔註30〕原文下空一格以待填字。

金綖 讀易自識 無卷數 佚

◎同治《蘇州府志》卷第一百三十六、民國《吳縣志》卷五十六下：金綖《讀易自識》、《蘊亭詩稿》二卷。

◎《皇朝文獻通考》卷二百十二：《讀易自識》無卷數，金綖撰。

◎同治《蘇州府志》卷八十二、民國《吳縣志》卷第六十六下：晚年研究易理，不復為詩。所著《蘊亭詩稿》皆少壯時作（《吳門補乘》）。

◎四庫提要：是書隨筆記錄，未分卷帙。首為總論，次為《繫辭》、《序卦》，次乃為六十四卦，次序與諸本迥異。又《序卦》論中乃多解《說卦》，標目亦不相應，蓋未成之槀，後人以意鈔合，遂倒亂無緒也。其說易好為新解，如謂《南華》取象率本於易，如《逍遙遊》曰鯤，陰物類也，猶坤卦之象馬也。曰鵬，陽物類也，猶乾卦之象龍也。鯤化為鵬，陰變為陽，自北溟而徙南溟，蓋自一陽之動於至陰，而歷六位以時成，故曰六月息也。曰九萬里、曰六月息，即卦之用九用六，以言變也。言鯤化而不言鵬變，蓋復可喜而變不可言，亦易之扶陽抑陰也」云云。持論之異大抵如是，亦可謂之好奇矣。

◎金綖，字絲五，號連城。江蘇吳縣人。貢生。官太平府宣城訓導。又著有《蘊亭詩稿》二卷。

金望欣 周易古義 佚

◎民國《全椒縣志》卷十《人物志》：著《春秋以來日月食草》《周易古義》若干卷，為河督楊以增檄取付梓，其餘《清惠堂文集／詩集／詞集／外集／賦鈔》及《禺谷制義／文鈔》俱梓行。

◎民國《全椒縣志》卷十五《藝文志》：《周易漢唐古義》二十卷（金望欣著）。

◎金望欣，字禺谷。安徽全椒人。嘉慶舉人。篤行嗜學，精天文算學。以知縣需次甘肅，題補古浪縣，未任而卒。袁昶寓全椒，嘗語人曰：「近代棕亭、山尊、桑根輩皆能以詞章雄於時，而根抵經史學有心得者，惟金某一人。」

金文傑 大易探微 三卷 首一卷 存

山東藏 1988 年青島出版社鉛印本

◎卷目：理玄篇。管窺篇。靈犀篇。

◎金文傑（1922～2001），自號宣陽子。湖南長沙人。

金文傑 大易探微續集 三卷 首一卷 存

山東藏 1992 年青島出版社鉛印本

金文梁 周易鄭注輯 佚

◎金文梁（1852～？），字養和，號企橋、倚雪。江蘇元和（今蘇州）人。金寶樹（1800～1857）子。光緒十五年（1889）舉人。又著有《尚書鄭注輯》、《諸經叢說》、《一切經音義引書目》、《讀史雜錄》、《倚雪廬詩草》、《鴂鳴館詩稿》、《鴂鳴館詞集》、《胡蜨詩》、《抗虹軒詞草》。

金錫齡 周易雅馴 未見

◎金錫齡《劬書室遺集》卷十六《八十自述》：凡閱經史子集，靡不手加丹黃。偶有所得，隨筆劄記，不下百數十卷。其稿本燬於夷火者十居八九。今所存者惟《周易雅訓》《毛詩釋例》《禮記陳氏集說刊正》《左傳補疏》《穀梁釋義》《理學庸言》《劬書室集》數種而已。案經部首易，欲明大義，當求故訓。而故訓以《爾雅》為最古。王充《論衡》云：「《爾雅》者，《五經》之訓故。」舉以為證，其義自確。林月亭先生曾撰有《易象雅訓》，業為六丁攝去。間嘗竊取意以補之，於是著《周易雅訓》。

◎光緒壬辰子婿廖廷相《劬書室遺集序》：嶺南承白沙、甘泉之遺，國初如金竹、潛齋諸儒，類多講求身心性命之學。迨揚州阮文達公督粵，開學海堂，以經術課士，而攷據訓詁之學大興。維時兼綜漢宋，粹然儒者為林月亭鄉賢，其高弟子曰金芑堂先生。先生讀書實事求是，凡夫制度文章、名物解詁、天文地理、六書九數，無不究心，尤好尋求微言大義。窮年矻矻，論著甚富。中年遭亂，並其藏書悉燬。此編所錄，特收拾於叢殘灰燼之餘。而碎義單辭，已多闡發其說……生平於漢宋之學無所偏主，攷信六藝，約而歸諸躬行，於前儒學術是非疑似別白尤審。如謂謝上蔡《語錄》以禪證儒，分別判然，與陽儒陰釋者不同。謂王學不待層累漸進而冀一旦之獲，則欲速者便之；不必讀書稽古而侈談論悟之妙，則空疏者便之。尤能鍼貶姚江末流之弊。至性理諸篇以漢儒之故訓通宋儒之旨趣，與空談者殊科。蓋淵源既正，所養亦純，故持論具有本末。

◎周按：金氏《劬書室遺集》卷一《周易古訓攷》《乾坤二卦成兩既濟說》《六十四卦皆歸既濟說》《孔子十翼原題說》《古占易舉例》《漢儒以消息說易論》諸篇，可考知其易學思想。其《劬書室遺集》卷十一《上林月亭先生書

一》論漢宋學術,《上張南山姑倩書》論六書次第,《上陳蘭甫叔丈書》論《論語》論學只是文行忠信四字足以包括靡遺,《與侯君謨同年書》論易盍簪之簪音義異同,《復周秩卿同年書》論易小畜三爻與說輻,《與楊黼香同年書》論周禮天官,《與侯子琴同年書》論推步月離算法中西不同,《與鄒特夫徵君書》論月建與斗建不同,《答崔敬坡茂才書一》論中和之說,《答崔敬坡茂才書二》論朱子《儀禮通解》,皆與當時學術關係甚大。

◎金錫齡（1811～1892）,字伯年,號芑堂。廣東番禺人。先世浙江山陰,後遷粵。道光十四年（1834）,選為學海堂專課肄業生,為林伯桐高第,先授以《毛詩》,次及群經、小學、理學諸書,學能會通漢宋,得錢儀吉賞譽。與同時諸名士如侯君謨、侯子琴、楊黼香、朱子襄、陳蘭甫、張彥高,以著述相砥礪。十五年（1835）補縣學生員,是秋中舉人,會試不第,以母老不復出應試。咸豐三年（1853）,補為學海堂學長。揀取知縣,不就,請京官銜,得國子監監丞。為學海堂學長、禺山書院院長數十年,英俊之士,多出其門。張之洞極推重之。同治初詔舉孝廉方正,闔邑薦舉,力辭。光緒十四年（1888）論旨「砥行通經,品端學贍,堪以矜式士林。賞加光祿寺署正銜」。又著有《毛詩釋例》、《禮記陳氏集說刊正》、《左傳補疏》、《穀梁釋義》、《理學庸言》、《劬書室遺集》十六卷等。

金熙坊 易卦類象 佚

◎光緒《北流縣志》卷十八《人物》:平生著述甚富,而《易卦類象》《洪範圖說》二編造極元微。歿後提學孫欽昂以修儒奏將所著《春秋屬比錄》《粵璞》二書進呈存庫,蒙恩加贈國子監學正。

◎金熙坊,字子範。廣西北流二廂（今塘岸）人。生於嘉慶、咸豐間。由廩生保舉訓導,並膺歲薦。平生潛研經學,多所註解,尤以易卦見長。又著有《洪範圖說》《春秋屬比錄》《粵琰》等。歿後,提學孫欽昂訪查儒學,奏獻其《春秋屬比》、《粵琰》,欽加國子監學正。

金熙坊 義軒丹易 佚

金熙坊 易經偶語 存

國圖藏同治十一年（1872）北流范瑛、范瑞昌刻金子範雜著本

金熙坊 周易類象 無卷數 存

廣西藏鈔本

◎計八篇：乾卦類象、坤卦類象、坎卦類象、雜卦類象、震卦類象、巽卦類象、艮卦類象、總卦類象。

金爻 六爻原意 一卷 佚

◎道光《徽州府志》卷十五《藝文志》：金爻《六爻原意》一卷。

金鷹揚 參易發凡 一卷 存

國圖藏光緒二十四年（1898）上元翁氏刻續台州叢書本

◎附光緒《黃巖縣志・文學傳》、《金西溪先生孝行傳》。

◎光緒《黃巖縣志》卷之二十《人物・文學》：算學無不精究，著有《參易發凡》《廣五經算術》《作室解》《南華意解》《悟真新解》藏於家。

◎光緒《黃巖縣志》卷之二十五《藝文・書錄》：《參易發凡》二卷，國朝金鷹揚撰。大旨以漢易為宗，而自有心得。其理解透闢，曲暢旁通，殆非近人所能及。原本語甚簡括，其門人應鎮山（號誠齋，邑諸生，緣事被黜）又為之疏證補注，集說會考，亦多所發明。

◎民國《台州府志》卷六十四《藝文略》一：《參易發凡》（光緒《黃巖志》作二卷，《台州叢書續刻》本一卷），是書王棻有跋，稱卷數未詳。今所存者，自乾坤至小畜九卦完好無損，其餘零篇斷簡，或一卦而不全，或數卦而不接，且多雜以門人之說，不可識別。其說不分漢宋，魏、虞、程、朱擇善而從而自有心得，往往發前人所未發。今錄九卦為一卷，刻入《台州叢書續編》中。

◎民國《台州府志》卷一百零五《人物傳》六：博極羣書，凡天文律呂、圖書算術無不經究。著有《參易發凡》《作室解》《廣五經算術》《南華意解》《悟真新解》諸書。

◎金鷹揚，字君選，一字叔驤，號西溪。浙江台州黃巖河岸人。歲貢金章子。學使劉鳳誥嘗延為子弟師，稱為浙東名士。以恩貢終，卒年六十五。

金振聲 周易管見 佚

◎《廣平府志》卷五十一《列傳》六：著有《觀善堂詩集》《周易管見》。

◎金振聲，字啟元。乾隆十三年進士，博學能文，與同邑編修林璁結詩社，互相切劘，風格老成。居喪哀毀。

金之祝　易經雜卦說　二卷　佚

◎光緒《霍山縣志》卷十一《人物志》下：所著有《龍庵課徒草》八卷、《龍庵文集》四卷、《易經雜卦說》六十四篇共二卷、《嘉慶平教匪紀畧》二卷。板存龍庵，咸同間粵逆燬庵，遺書散佚，僅存遺文數十篇。

◎金之祝，字華年，號霍樵。安徽霍山人。授徒邑南康陂畈之龍庵。行年八十一，以增生應嘉慶己卯鄉試，親賜副舉人。

金周熊　大易要覽　三卷　存

北大藏清鈔本

◎金周熊，浙江蘭谿人。與同邑諸葛琪齊名。諸生。

金作楫　讀易疑問　佚

◎沈叔埏《頤綵堂文集》卷十三《金濟菴先生傳》：所著《讀易疑問》未成書。《觀史隨筆》《衣珠自覓》《丹書心識》《楞嚴心識》《黔遊草》藏於家。

◎金作楫，字濟菴。浙江秀水人。雍正元年（1723）進士，出朱軾之門。子存者三人，九畹、九穗、九齡。

靳標嵩　參同易測　一卷　存

靳清江藏稿本

◎靳標嵩，字維嶽，號赤符子。河南開封市尉氏人。順治歲貢。學問淵博，為文奧衍宏肆，不襲唐宋窠臼。詩宗王孟，書追晉人。嘉慶間又著《庸行真議》《疏園集》等。

靳址　易經古本　佚

◎靳址，河南尉氏人。又著有《太極通書》《西銘解》《朱子語類》《澄碧樓文集》等。

荊象衡　觀玩象辭　佚

◎貢渭濱《易見・引用先儒姓氏並所著易書》著錄。

◎一名《易經辨疑》。

◎荊象衡，字南瞻。崇禎己卯舉人，官江都教諭，病免家居，人稱南山先生。又著有《玩易齋詩古文集》。

靖盦 讀易小記 存

故宮藏稿本

靖道謨 繫辭解 佚

◎光緒《黃州府志》卷三十二《藝文志》：《繫辭解》，黃岡靖道謨撰（《縣志》）。

◎靖道謨，湖北黃岡人。著有《繫辭解》。

抉經心室主人編 易經彙解 四十卷 存

國圖、東臺藏光緒十四年（1888）鴻文書局石印皇朝五經彙解本

光緒十九年（1893）積山書局石印五經彙解本

光緒十九年（1893）上海蜚英館石印五經彙解本

光緒十九年（1893）同文書局石印五經彙解本

山東藏光緒二十年（1894）上海書局石印五經彙解本

山東藏光緒二十九年（1903）寶文書局精校石印五經彙解本

臺北鼎文書局 1973 年國學名著珍本匯刊‧近三百年經學名著匯刊‧清儒易經彙解影印光緒十四年（1884）鴻文書局石印五經彙解本

◎抉經心室主人或作扶經心室主人，誤。

◎俞樾《五經匯解序》：我國家正教昌明，鉅儒輩出，經學之盛直接漢唐。《學海堂經解》之刻，實集大成。近又得王益吾祭酒之續編，國朝諸家之說採擷無遺矣。然篇帙繁富，記誦為難，檢尋亦復不易。每思略倣阮文達《經郛》之意，依經編次，彙成一書。而精力衰頹，未能卒業。今年夏，有以抉經心室主人所輯《五經匯解》見示者，自《周易》至《小戴禮記》凡二百七十卷，所采書凡一百四十一家二百八十七種，舉經文而具列諸說於下。如乾元亨利貞，先出此五字，又分出乾字、元字、亨字、利字、貞字，即此一條，可見其搜羅之富、詮釋之詳矣。主人原稿曰《羣經彙解》，非止五經。因文逾億萬，寫定需時，故先以五經行世。國家頒行十三經於學官，而鄉會試取士則以五經，然則《五經彙解》尤士林所不可不讀之書也。每歎近世士尚苟簡，不以通經為志，惟以速化為工。顧氏《日知錄》已言其時於《喪服》諸篇刪去不讀，赴速邀時，良可浩歎。主人所輯，則《禮記》中凶禮諸篇亦逐條採錄，無所遺漏。然則此書也，其學者治經之錧轄，而非徒場屋中漁獵之資乎？余是以因《五經彙解》之既有成書，而尤望羣經之接踵而出也。光緒十有四年太

歲在著雍困敦夏六月中伏日庚子，曲園居士俞樾書於吳中春在堂。

　　◎朱鏡清序：吾師南皮張藹濤尚書之論經學也，嘗取順、康以來諸家著述，定其流別，一為漢學專門家，自顧亭林氏、泉鄒叔勣氏，得一百五十而人；一為漢宋兼采家，自黃梨洲氏、泉黃薇香氏，得五十人。且為之說曰：「由小學入經學者，其經學可信；由經學入史學者，其史學可信；由經學、史學入理學者，其理學可信；以經學、史學兼詞章者，其詞章有用；以經學、史學兼經濟者，其經濟成就遠大。」善哉言乎！有志治經，必以從事小學為先河也。昔人之論漢儒家法，畧有三耑：一曰守師說，一曰明天人之理，而尤以通小學為亟務。漢時課學僮，俾先諷籀書九千字以得其恉意聲形，授之《爾雅》十七篇以究其詁訓轉借。三年而一經通，三十而五經立，是則漢儒研六經從文字入，研文字從形聲入，雖師承各殊，而涂軌實一。至其釋經之體，亦約有三：一曰以經解經，一曰以字解經，一曰以師說解經。然則未通小學而欲研說羣經，辟如杭斷港絕流，以蘄趨于六鑿，難矣。本朝經學昌明，追軼漢唐，乾嘉以後，老師宿儒半在東南，出泰和張霽亭少司空師及藹濤師門，以副榜貢成均。後一年審武林，執贄于同郡俞蔭父師，讀書湖上詁經精舍，故阮文達課士地。曲園先生又海內經師，雖間一操觚，學為訓詁之辭，卒之溺志辭賦，終覺有格格不相入之埶。閱三歲，直順德李若農學士師偕南皮劉緘三侍郎師來主浙試，以策對受知，廁賢書之選，評其行卷，謂筆意近任、劉。丙子捷春闈，入詞館，逐隊攻應制之文，尤弗暇及樸學。丁丑改刑曹，棄而讀律。旋以親老乞外，需次吳中。濁水矗官，無所事事。甲申冬間，尚書師檄召入粵，弗果往。所居距曲園不半里，得時時聆函丈之緒論。顧涉世違懂，撫境趦趄，精力銷耗，劵於述作。歲月勿勿，屈指馬齒已踰古人強仕之年矣。自維樗昧，弗克薶沒求益，行且與曹蛉李志輩艸木同腐。憶曩時儀徵太傅倡明經業，集江浙高才生成《經籍纂詁》百有六卷，攷訓故，賅音讀，小學涂徑，燦然大闢。復取國朝人說經之作，彙刻為《學海堂經解》，俾先輩鉅集以迄單行孤本，大顯于世，不致放失。剟緝美備，宗主彌昭。間嘗以九經傳注之外，遺文佚說，柀見它處，未經裒集，欲擷拾為《經郛》一書，人事牽延，未遄於成，承學之士，造然憾焉。近有乏人自海上來，出抉經心室所輯《羣經彙解》見示。其大恉，分經甄錄，先列經文為經，然後取國朝諸老先生之說。都一百四十一家，得書二百八十七種。取粹排比，件繫其下以為緯。左右采獲，莫便於此。祇以卷牘浩絲，先取其《五經匯解》二百七十卷用泰西

石印法代為問世，句鏡清為之敘。鏡清于兩京之學未能窺見藩籬，何敢譚經？何敢譚經？顧眇者不忘眂，跛者不忘履，己弗克為之，私覬人之共為之。夬令甲以五經課士，斯編尤當務之急。讀者誠就五經以通羣經，並能秉由小學入經學之訓，弗汨異說，弗貪速化，將見發為經濟文章，元元本本，益蓁邃密，則是編奚啻嚆矢也？儻過此以往，天假我以炳燭之明，俾得閉戶自精，厭飫斯道，或耄有所譔箸，以上副南皮、順憲二師之知遇，庶無見庎于有道之門牆乎？戊子長夏歸安朱鏡清識于吳下甯廬。泉唐趙賢子進氏書。

K

康克勤 河圖洛書更正先天八卦圖式 一卷 存

遼寧藏清初稿本

康克勤 周易辨注 三卷 存

遼寧藏清初稿本

康騰蛟 周易釋注 佚

◎孫葆田《山東通志》卷百二十七《藝文志》第十:《縣志》載是書,稱其演河圖,注洛書,推積《洪範》,更為精詳。

◎康騰蛟,字孟宗。山東章邱人。乾隆乙卯舉人,官肥城教諭。又著有《古跡考》一卷。

康五瓚 大易析義 佚

◎或誤題康王瓚、康五璣,皆為形近致誤。

◎光緒《江西通志》卷九十九《藝文略》一:《大易析義》,康五瓚撰。

◎康五瓚,字流光。江西安福人。進士。任贛州教授。又著有《存省集》。

康五瓚 大易析義解 佚

◎光緒《江西通志》卷九十九《藝文略》一《國朝》:《大易析義》,康五瓚撰(《吉安府志》)。

康中理 周易燈 四卷 存

鈔本

◎自跋略謂：此篇自同治戊辰逮今，積十年心力，稿經數易，恐無一當。然吉凶消長之理、進退存亡之道，胥在是矣。書既成，因授門下，錄而藏之。

◎自注：此書應合《詩經》、《書經》為一部，亦曰《三經纂要》。

◎周按：是書為課徒之用，雜引先儒之說，唐取《集解》，宋取《傳》《義》，明取《易憲》，序跋什九出於朱氏《經義考》，書末補遺摘自孫堂《漢魏二十家易注》。首載《本義》諸圖、周子太極圖及惠棟鄭氏爻辰圖。

◎康中理（1801～ ？），字少眉，自號懶雲山人，晚號陽九老人。江蘇南匯（今屬上海）人。諸生。又著有《沈氏四聲非古音論》、《海粟集》。

柯讀 易經節解 佚

◎光緒《江西通志》卷九十九《藝文略》一《國朝》：《易經節解》，柯讀撰（《彭澤縣志》）。

◎柯讀，江西彭澤人。著有《易經節解》。

柯汝霖 易說 三十九卷 存

浙江藏稿本〔註1〕

◎柯汝霖（1792～1879），字巖臣，號春塘，晚自號退翁。浙江平湖全公亭人。少師馬德音，繼學於徐一麟，又出於王文簡之門。道光元年（1821）恩科舉人。道光二十年（1840）先後任錢塘、武義、富陽、東陽、烏程等縣教諭。光緒元年（1875）執教新倉蘆川書院，新埭俞金鼎、陸邦燮，乍浦許文勳均出其門。光緒五年重宴鹿鳴。又著有《三家詩異字通證》四卷、《儀禮古今文釋》四卷、《三傳異文疏證》二卷、《群經集說》二十八卷、《傳經考》一卷、《孟子趙注參》一卷、《說文引經異同考》一卷、《小爾雅參解》一卷、《古韻廣證》一卷、《歷代帝王廟諡年諱譜》一卷、《關忠義年譜》一卷、《彙編》二卷、《蠡測》三卷、《陶靖節年譜》、《韓忠獻年譜》、《岳忠武年譜》、《于忠肅年譜》、《黃忠端年譜》、《李介節年譜》、《武林第宅考》一卷、《吳興第宅考》、《春秋官制考》等。

〔註1〕題《平湖柯春塘先生易說》。金兆蕃跋。

柯汝霖 易半象說 一卷 佚

◎光緒《平湖縣志》卷二十三《經籍》：《易半象說》，柯汝霖。拜善堂柯氏藏稿，未刊存。半象之說始於虞仲翔，此則推衍其指，傳示及門編成一卷。

柯汝霖 周易解詁 四十四卷 佚

◎光緒《平湖縣志》卷十七《列傳》三：生平著述等身，大小四十餘種，其最著者《古韻廣證》《三家詩異字通證》《儀禮古今文釋》《春秋官制考》《春秋世系圖》。晚尤精易，有《周易鄭註釋義》《周易解詁》兩書。

柯汝霖 周易鄭注釋義 二卷 佚

◎光緒《平湖縣志》卷二十三《經籍》：《周易鄭註釋義》二卷（柯汝霖。周甲小錄。未刊）。

柯蘇 讀易隨筆 佚

◎同治《武寧縣志》卷二十七《藝文》：《讀易隨筆》，柯蘇著。
◎同治《南昌府志》卷六十二《藝文》：柯蘇（《讀易隨筆》）。
◎柯蘇，江西寧甯人。

柯廷璟 周易□解 佚

◎道光《晉江縣志》卷七十《典籍志》：柯廷璟《修俟堂文集》《辟塵餘詩集》《篤輝堂制義》《周易□解》《篋衍涉草》。
◎柯廷璟，福建晉江人。舉人。嘉慶二年任光澤教諭。

柯廷瓚 易經發蒙 佚

◎道光《晉江縣志》卷七十《典籍志》：柯廷瓚《省堂傳稿》《學庸要言》《易經發蒙》《史鑒撮要》。
◎柯廷瓚，福建晉江人。

柯在望 易經集解 佚

◎光緒《江西通志》卷九十九《藝文略》一《國朝》：《易經集解》，柯在望撰（《彭澤縣志》）。
◎柯在望，江西彭澤人。著有《易經集解》。

孔傳游 大衍新法 一卷 存

山東圖畫館藏道光三年（1823）刻本

清華大學、華東師大藏光緒大興邵氏刻安樂延年室叢書本

◎孔傳游，字道南，號惺齋。山東肥城人。嘉慶歲貢。道光初官沂水訓導。

孔傳游 太極易圖合編 三卷 存

山東藏道光三年（1823）刻本（附大衍新法）

◎光緒《肥城縣志》卷之九：勤於著述，制藝以王、錢為宗，著《制藝指掌錄》三刻，與泰安趙仁圃相國《制藝綱目》相發明。經學尤邃於易，著《太極易圖合編》《文象衍義》《大衍新法》，又有《學庸闡要》《論語發微》《韻學入門》諸書。

孔傳游 文象衍義 一卷 佚

◎孫葆田《山東通志》卷百二十七《藝文志》第十：是書見《縣志》。

孔廣海 周易史論 不分卷 存

上海藏 1932 年上海國光印書局鉛印本

山東藏 1932 年上海明善書局鉛印本

◎卷首題：陽穀孔廣海仙洲原本，胞姪昭藻荷生、昭苯蘭生、昭芬馥生、昭茚挺生、昭芸荔生對正、監印。

◎光緒《陽穀縣志》卷之五：著有《四書提綱》一部、《周易史論》二卷、《書經未》六卷、《詩經未》二卷、《周禮／儀禮／爾雅／孝經讀本》共八卷、《讀史先》一卷、《縣志採訪》八卷。此先生半生心血，不可沒焉者也。

◎光緒《陽穀縣志》卷之十四受業邑歲進士孟繼栻《舉人孔仙洲先生教感碑》：今先生適矣，覯其手澤，《四書提綱》一部、《周易史論》二卷、《書經未》六卷、《詩經未》四卷、《讀史先》一卷、《縣志採訪》未謄草八卷、《周禮／儀禮／爾雅／孝經讀本》共八卷、《莘縣志》六卷。

◎明善書局孫君樂輸序：大凡世事之成，由於人者半，由於天者亦半。如崙在上海國光書局所印先師孔老夫子諱廣海字仙洲所著《周易史論》一書，可想見矣。且此書原排之版，圖象字形均屬不好，難令讀者樂觀。欲再改印，囊苦無資。欲照原印，實非本意。正躊躇間，適有明善書局（浙江省海鹽縣）

孫勉之君自外而入，談及前因，情願出資再製圖版，助崙財力之所不足。似此萍水相逢、欣然樂為慷慨輸財之舉，設非天心護易，何能默動善心若此？如孫君之德量，澤被當時，固宜旌表。即先師之《史論》，教垂後學，亦自與《周易》永傳以不朽矣。故崙援筆敬序，庶為天下好善者勸。時中華民國二十一年壬申小陽月上浣，山東陽穀縣孫昭崙序。

◎孫昭崙序〔註2〕：《周易史論》一書，業師孔大先生所著也。先生諱廣海，字仙洲，鄉捷後不樂仕宦，志在窮經，出其心得以教人。清光緒癸巳年間，設帳穀邑城北于家營劉月卿、馥亭家，崙亦受業門下。見吾師講易，於每爻之下舉史事以徵之；每卦之後，採眾說以論之，俾學者易於體會。崙雖未能詳解，然亦中心好之。因妄言於師前曰：「吾師既費數年心血，是書之成，自當印傳後世，方不負述古之志。」吾師曰：「若崙所言，正吾所厚望焉。」迄今吾師去世已久，而書猶未傳，殊覺是一憾事。前者朝城魏兄守謙等曾石印百部，崙於黃秀珍處借觀，益覺當時對師之言不敢忘心。故每來滬營商，必攜帶是書，期於設方刻印。然政體改革，未敢遽爾。及閱報章，仰見政府心實存古，意一維新，始行刷印，更廣易門。適有同鄉李冠申先生在申行醫，見崙有志未逮，多方贊助。聊城友人張化南先生校正，漣水左漢興先生監印，遂在申國光書局印定千部，以備分送同志友人，俾吾師一生心血不至湮沒。此固崙之素志，亦未始非吾師在天之靈有以默成之也。非敢云能廣師傳，而當時對師之言庶可告無愧也夫！時中華民國二十年辛未春三月，受業門生孫昭崙亦山謹識。

◎孫昭崙序〔註3〕：《周易史論》，業師孔大先生所作也。先生諱廣海，字仙洲，鄉試後不樂宦途，志專教授。清光緒十有九年癸巳，設丈穀邑城北于家營劉月卿、馥亭家，崙亦受業門下。見先生教授之暇，即遵《周易》宗旨，作《史論》以詳解之。積數年久，是書始成。當時雖未付諸印板，同學無不鈔錄。崙即對於是書未能詳解，然亦中心好之。因而妄言於師前曰：「吾師既費數年心血著成是書，自當印傳後世，方不負吾師述古之志。」吾師當亦曉曰：「若如崙說，正吾所厚望焉。」迄今吾師去世已久，是書還在，但未印傳於世，殊覺是一憾事。前者朝城同人守謙魏兄曾石印百餘部，由黃秀珍學見之，借觀，益覺當時對師之言在耳，不敢忘心。故每於來滬營商，必攜帶是

〔註2〕國光印書局本。
〔註3〕明善書局本。

書，期於設方刻印。無奈力弱財絀，有志弗成。今幸有同鄉李冠申先生在申行醫，見崙素負此志，亦多方贊助。又有聊城友人張化南先生校正，漣水左漢興先生監印，遂於是冬在申印成千部，分送同志友人，庶崙當時對師之言庶可告無愧，吾師半生心血不致空費耳。此雖人事是謀，然亦未始非吾師在天之靈有以默成之也。更望後之閱是書者，亦抱此志，繼續廣印，傳之天下後世，庶學易者可以無大過矣。是為序。中華民國二十年，受業門生孫昭崙謹識。

　　◎序：先生諱昭崙，字亦山，嘗從孔仙洲夫子遊。見著《周易史論》，欲付梨棗，公諸同好。越四十年，以有志未逮為憾。歲庚午，商於淞滬，屢閱報章，仰見中央政府對於保存國粹十分注重，聊城海源閣售書尚嚴令制止，常熟鐵琴銅劍樓猶設法保護，提倡新學術，更需以舊文化為根基。先生存古情切，不揣綿薄，謹捐洋參百餘元，將先師所著《周易史論》一書在上海國光印書局印出千部，分給同人，使知夫子著作之苦心。讀易者亦可借廣見聞。其尊師重道為何如耶！思與先生為道義交，其姪孫念真曾又從吾遊。事實知之纂詳，何敢以不文辭！爰濡毫而為之序。時中華民國二十一年壬申中秋月上浣，清丁酉科拔貢七十有四歲通家世愚弟壽張縣崔雅籥南敬贈。

　　◎周易史論序：易之源流體用，程二夫子《周易序》盡之矣。然吾鄉學者每患不能入門，向曾與徐生肇銓集《易經讀本》一部，同學愛之，幾於家置一編。後又得《易經旁訓》，於行間添史事，於上幅添卦論，推積密滿，不能容字，意遂止。劉生桂府暨其弟桂芬，癖嗜予之所為。拙稾一出，輒行繕寫。小楷多空，能容字矣。致令予興勃發，又取而暢通之，仍名曰《周易史論》。因念詩書之緣，昔日惟肇銓相共為多，今日惟桂府兄弟相助實多也。肇銓官河南十餘年，不得相見，夢寐難忘。賴與桂府等晨夕相劘，猶堪自慰。並為李生之湄、趙生翠峯、魏生永修、魏生建功、顧生金城、袁生學濱、李生錫岱、孫生昭崙、高生培英、閻王生壽林論學易之法，先看伏羲畫卦次序，太極生兩儀，兩儀生四象，四象生八卦，八卦生六十四卦。再看朱子《本義》及程《傳》。然後參之以此，反諸身而實體之，默而成之存乎德行，神而明之存乎其人。至河洛諸圖，予嘗與之湄論韻學、錫岱說唐詩，須認真求清，而勿泥焉。學易者亦如是。天下事大抵如是已。時光緒十九年歲次癸巳十一月初二日陽穀孔廣海仙洲氏年六十一歲。此卷尚缺首尾，乙未冬，與閻生壽林、溫生化純、兒昭莑、孫憲螭憲螳補成之，遂為《世學齋十三經讀本》第一。

◎孔廣津序：先大兄承祖父之訓，專力於經，故十三經皆有《讀本》，而《周易史論》尤其一生心血之所在也。脫稿後珍藏於家，未敢出而問世也。然見之者爭抄錄焉。辛酉歲，胞姪昭蕖館於尹家莊張君崇峨家，受業三十餘人；昭芬館於徐家集魏君金城家，受業者二十餘人。魏生守謙、田生尚純等念抄錄之勞與所傳之不廣也，願付石印以公同好。予聞之，喜而不寐者數夜。因思世之謂易為難解而不欲學之者，皆以未得其要耳。苟得其要，則難者亦易。先兄是書，於每爻之下皆舉史事以徵之，每卦之後皆採眾說以論之，俾學者因史事以定其爻之臧否，因總論以盡其卦之義理，而六十四卦三百八十四爻之旨，皆可燎如指掌矣。則吾先兄之《史論》，未始非學易者之一助也。時辛酉五月二十五日，胞弟廣津謹識。

◎魏守謙序：《周易史論》一書，陽穀孔大太老師手澤也。大太老師一生著書甚多，是書之外，有《四書提綱》一卷、《書經未》六卷、《詩經未》二卷、《讀史先》一卷、《縣志採訪未謄草》八卷、《周禮／儀禮／爾雅／孝經讀本》共八卷。謙與弟守晉前從荷生大老師時，恨未能一概抄出，僅將是書抄完。茲從馥生老師讀於家，入學後老師即搆是書，而同學劉廣仁、鍾玉成、吳心義、鍾寶琳等皆欲抄錄未能也。適周兄殿邦、宋兄超羣發起石印之說，學中無不同詞稱善，遂商及現從大老師受業者田尚純、尹廣鑑諸兄，從荔生四老師受業者劉文華、王建侯諸兄，及憲螭師兄之門人，無不躍躍欲從。乃託薛兄凌漢朝城石印局議定，共印百餘部，期於各藏一編，非敢謂謙等能讀是書也，而中心好之，謂以免同學繕寫之勞，且以廣大太老師易學之傳云爾。辛丑五月下旬，晚學生朝城魏守謙謹識。

◎孔昭芬跋：先伯所著《周易史論》，十年前芬曾命門生魏守謙等從石印局印百餘部。爾時學生久已各守一編矣。今春館於本邑城南白家嶺呂君敬懷修之堂，開館講易，惟田生尚箴、溫生化霑、王生存重與小兒憲鈺、憲璽有是書，而趙生金閣、田生炳祥暫從友人處借讀。至於呂生清海、王生傳德、武生永慶、閆生興俊、陳生懷三，皆欲鈔錄未能也。適有先伯門下士孫兄亦山者，年逾知命，家道薄弱，以真誠好古之雅意，動欲廣師傳之熱心，慷慨捐資，自上海書局又印是書一千部。不惟芬感頌無既，而諸生聞之，亦皆欣欣幸免繕寫之勞矣，刻下先印出一部寄來，囑芬對正後再實行刷印。芬於課徒之暇，細心校對，自二月下旬始，至四月上旬竣。復令諸姪憲螭、憲堂、憲斑、憲恩、憲琨、憲成等對讀一次，然後出板。而其中魯魚亥豕猶慮不免，仍望讀是

編者各自留意爾。歲次辛未桐月望前，胞姪昭芬謹識。

◎跋：先伯去世廿有餘年矣，手澤藏家，每以遭時多亂毀傷原本、泯沒先伯一生心血為慮。先伯易簀時，受業者曾欲集款將所著《十三經讀本》一一出版，以費用太鉅未果也。迨後吾門後學特將《周易史論》印出百部，各守一編，皆非賣品，而遠方之來覓是編者，概無以應之，亦憾事焉。茲者亦山孫同硯，以不忘教澤之意，為慷慨輸資之舉，獨出大洋若干圓，從上海書局又印是書千部。吾等聞之，欣然謂先伯之易學將愈傳愈遠，任天下之多故，不至湮沒，仍望有孫兄亦山其人者出，而欲廣師傳，俾先伯手澤概行於世。此則私心默禱者爾。辛未四月胞姪昭苯、昭苆謹識。

◎摘錄《易經歌》：讀易先看九圖意，河圖洛書費神智。伏羲四圖勿癡獃，八卦次序又方位。六十四卦以類推（六十四卦亦有次序圖、方位圖），文王八卦亦斯二（亦有次序、方位二圖）。卦變有圖須倒看，學會筮儀能從事。乾坤屯蒙需訟師，比小畜兮履泰否。同人大有謙豫隨，蠱臨觀噬嗑賁。剝復無妄大畜頤，大過坎離三十備。咸恒遯兮及大壯，晉與明夷家人睽。蹇解損益夬姤萃，升困井革鼎震繼。艮漸歸妹豐旅巽，兌渙節兮中孚至。小過既濟兼未濟，是為下經三十四。繫辭上下說卦傳，序卦雜卦終其義。

◎孔廣海（1882～1903），字仙洲。山東陽穀縣高廟王鄉孔家莊人。光緒丙子（1886）舉人，己丑大挑二等，歷官即墨訓導、濱州學正、東平州學正。

孔廣林輯　周易注　十二卷　存

光緒刻通德遺書所見錄本

孔廣然　周易白賁　佚

◎道光《滕縣志》卷九《人物傳》：廣然以天下事物動靜之理返之伏羲之象，徵之文周夫子之辭，學之二十餘年，乃敢萃先儒傳注，參觀深思。其本翼以解象詞者取之，其背翼而逞臆說者汰之，參以己說，名曰《周易述翼集注》。又鈔三聖本文序之，名曰《周易白賁》。

◎孔廣然，字充皆，號吾門。山東滕縣人。孔繼宋子。乾隆己酉拔貢，乙卯恩科舉人，官齊河縣教諭。治諸經，研精抉奧。又著有《儀禮鈔》。

孔廣然　周易觀象祖翼　無卷數　未見

◎《孔子世家譜》著錄。

孔廣然 周易述翼 無卷數 佚

◎一名《周易述翼集注》。

◎道光《滕縣志》卷九《人物傳》：廣然以天下事物動靜之理返之伏羲之象，徵之文周夫子之辭，學之二十餘年，乃敢萃先儒傳注，參觀深思。其本翼以解象詞者取之，其背翼而逞臆說者汰之，參以己說，名曰《周易述翼集注》。又鈔三聖本文序之，名曰《周易白賁》。

◎孫葆田《山東通志》卷百二十七《藝文志》第十：其書力排朱子以占言易之說。又謂濂溪《太極圖說》添入無極、五行，以動靜分屬陰陽；堯夫以天地定位三章鑿分先天後天，皆與易不合。見《王文直公遺集》。

◎宣統《滕縣續志稿》卷四《藝文》：《周易述翼》《儀禮鈔》（孔廣然撰。二編俱見《山東通志》）。

孔廣森 周易厄言 一卷 存

顨軒孔氏所著書本

皇清經解本

道光刻指海本

山東藏臺北成文出版社 1976 年無求備齋易經集成影印道光二十三年（1843）刻指海本

中華書局 2017 年張詒三點校本

◎周按：是書乃自孔氏《經學厄言》卷一析出。

◎孔廣森（1753～1787），字眾仲，號撝約、顨軒，堂名儀鄭，以希追蹤鄭玄。山東曲阜人。孔子六十九代孫，孔繼汾子。乾隆三十六年（1771）進士，入選翰林院庶吉士，散館遷編修。性淡泊。嘗從戴震、姚鼐學。又著有《春秋公羊經傳通義》十一卷敘一卷、《大戴禮記補注》十三卷序錄一卷、《詩聲類》十二卷、《聲類分例》一卷、《禮學厄言》六卷、《經學厄言》六卷、《少廣正負術內篇》三卷《外篇》三卷、《儀鄭堂文集》二卷、《儀鄭堂遺稿》一卷、《儀鄭堂駢儷文》三卷、《勾股難題》一卷。

孔慶翰 簡貫易解 四本 未見

◎《孔子世家譜》：七十三代慶翰輯有《簡貫易解》四本，《續邵堯夫經世緒》一本。

◎周按：《續修曲阜縣志》亦著錄是書。

◎孔慶翰，字芸閣，號勵臣。山東曲阜人。孔子七十三代孫，官從九品。

孔尚任 易經繫辭講義 未見

◎《幸魯盛典》：遣翰林院掌院學士常書、侍讀學士朱瑪泰至曲阜，會同衍聖公孔毓圻，於孔氏子弟內選舉講書二人，令撰次應講經書經義進呈。孔毓圻舉監生孔尚任、舉人孔尚鉝應詔講書。

◎孔尚任《出山異數記》：任以藐小儒生，選侍經筵，雖懼隕越，然分不敢辭，但不知撰何經義乃稱大典。常公出示二黃封，乃《大學》聖經首節、《易經繫辭》首節。於是撫几案，給筆劄，不移晷而《大學講義》成。張公旁睨云：「《講義》是矣，後段頌聖，似不可少者。」任應聲補足。常公又促撰《易義》，任謝云：「《詩》乃專家，《易》則未習也。」朱公哂云：「未貫五經，何言博學耶？」任愧謝，又勉撰《易義》。即脫稿，燭尚未跋。朱公讀完，拍任肩曰：「名下固無虛士！」即繕寫封緘。又云：「翰林院掌院學士孫公在豐傳旨云：所撰《講義》雖好，但有數字未妥」，即令改易，一一指示其應改處，隱有掐痕，蓋出睿鑒也。更擬數字呈御覽。訖，孫公手謄《講義》二本云：「此設御案者。」又命一中翰謄二本，云：「此設講案者。」任不及俟謄完，別孫公入城，夜已三更矣。

◎《曲阜縣志》卷八十七《列傳》：康熙三十三年聖祖仁皇帝幸魯行釋奠禮，御詩禮堂。尚任以監生同舉人尚鉝充講官。尚任進講《大學》聖經，尚鉝進講《易繫辭》。上甚喜。諭大學士明珠、王熙曰：孔尚任等陳書講說，克副朕懷，著不拘例議用。又命尚任、尚鉝同衍聖公毓圻等導駕，徧覽先聖遺蹟，迴鑾，授尚任等國子監博士。

◎孔尚任，字聘之，又字季重，號東塘，別號岸堂，自稱雲亭山人。山東曲阜人。孔子六十四代孫，孔貞璠子。授國子監博士，遷戶部員外郎。又著有《闕里新志》二十四卷、《岸塘文集》、《湖海詩集》、《會心集節錄》、《同風錄》、《桃花扇》、《小忽雷》諸書。

孔尚豫 易解 存

清刻本

◎光緒《重修安徽通志》卷三百三十五《藝文志》：《易解》，建德孔尚豫著。

◎宣統《建德縣志》卷十五《人物志・宦績》：所著有《春秋尊義》《易

解》《詒書堂類稿》行世。

◎宣統《建德縣志》卷十八《藝文志》一：《易解》《詒書堂類稿》，孔尚豫著。

◎孔尚豫，字仲石，更名尚鏞。安徽東至人。廩生。孔貞時次子。與伯兄尚蒙氣節相砥礪，人稱「蘭溪二孔」。屢舉不第。晚精理學，究心當世之務。又著有《春秋尊義》《詒書堂類稿》。

孔憲庚 鈔易讀本 未見

◎孔憲庚《鈔易讀本自敘》〔註4〕略謂：《周易》經文三卷、傳文十卷，孔子七十二代孫憲庚讀本也。其書原本朱子《本義》，分鈔，經自為經，傳自為傳。惟經文象與爻分，又多《象辭》一卷，《象傳》不分上下經，而以卦象、爻象分編，與《本義》稍別，然經傳各殊，其所以存古文之舊者，其義一也。

◎孔憲庚，字和叔，號經之。山東曲阜人。孔昭傑第三子，孔子七十二代孫。道光二十九年（1849）拔貢，候選訓導。工詩文，善繪畫。又著有《至聖廟林碑目》《經之文鈔》。

孔憲庚 周易肊測 未見

◎孔憲庚《周易肊測敘》〔註5〕：《周易肊測》曷為而作也？為申明一卦之象，乃周公所繫之辭也。其目有三，曰：卦象辭也、《卦象傳》也、《爻象傳》也。不錄彖辭、爻辭暨《彖傳》《文言》《繫辭》諸傳者，曰：朱子《本義》已各自為篇也。《卦象／爻象傳》不分上下何也？曰：毋庸分也。朱子作《本義》，以不足十翼之數，故分上下也。今既別卦象、爻象之傳為二，已足十翼之數也。其曰卦象、爻象者何也？曰：「天行健」以下先儒謂之《大象》，「潛龍勿用」以下先儒謂之《小象》。《易大象》為《卦象》，《易小象》為《爻象》，便後人之玩讀也。朱子作《本義》，析為十二篇，所以存漢儒篇目之舊也。余錄此篇，第於中另提出《象辭》一篇，以復經文之舊，仍然述而不作也。其不加訓詁何也？曰：易道廣大，義理、圖書、象數、變占，不可偏廢也。自漢迄宋，諸儒注說，宜參觀而互考也。如專以義理言易，

〔註4〕錄自《經之文鈔》。
〔註5〕錄自《經之文鈔》。

則《程傳》、《本義》為最精也。昔我夫子讀《易》，韋編三絕，而後成十翼之傳也。今余錄經之年五十有六，已過加年學易之時，於易道尚茫乎未之有聞也，不禁憬然思而惕然懼也。鈔錄既竟，因述大旨以志緣起也。紀其歲時，則在大清同治四年旃蒙赤奮若陬月人日也。自序為誰？孔子七十二代孫憲庚也。

孔衍樟　大易中庸一貫圖　未見

◎乾隆《曲阜縣志》卷八十七《列傳》：性好學，夜然薪照讀。尤邃於易，自謂學之三十年無知者。著《大易中庸一貫圖》及《心性》等論九篇。

◎孔衍樟，字載遠。山東曲阜人。孔子六十五代孫。康熙五十九年庚子科舉人。少孤貧，力耕養母，以孝聞。家居教授，以廉隅自屬。母歿，家不舉火者七日，哀毀滅性，五月而卒，遺命妻子以衰絰斂。

寇宗　菊逸山房易學　一卷　存

貴州藏同治十二年（1873）刻本

◎光緒《榮昌縣志》卷之九《名宦》：著《刻學宮圖考》四卷、《菊逸山房易學》一卷、《天學》一卷。

◎民國《渠縣志·藝文志》第六：《菊逸山房易學》一卷，清寇宗撰。乃宗官榮昌學官時作，未詳體例，然易道深遠，見深見淺，因人而異，而後進初事研修者，固不妨備插架之用。

◎民國《渠縣志·列傳第十·寇宗列傳》：晚年尤嗜學，所著《學宮圖考》《天學》《易學》《寒症》《痘科》《撼龍》《疑龍》等書行世，其他如兵農醫算諸集，未及付梓而歿。

◎寇宗，字萬川。榮昌縣教諭，在任十八年，推陞成都府教授。又著有《菊逸山房天學》一卷、《菊逸山房地理正書》、《疑龍經批註校補》（寇宗集注、榮錫勳校補）。

蒯蘭　周易講義　佚

◎孫葆田《山東通志》卷百二十七《藝文志》第十：《周易講義》，蒯蘭撰。

◎蒯蘭，又著有《四書講義》。

匡文昱 讀易拾義便抄 一卷 存

山東博物館藏乾隆四十年（1775）刻本（附《本義辨》《易說》《古太極圖說》各一篇）

◎或題《讀易拾遺義》。

◎孫葆田《山東通志》卷百二十七《藝文志》第十：二書見《採訪冊》，《州志》惟載《約編》一書，稱其大旨歸於來氏知德、任氏啟運錯綜之說。

◎匡文昱，字仲晦，一字監齋。山東膠州人。匡聖時子。乾隆二十七年（1762）舉人。以屢躓春闈，遂絕意科名，究心學問，精易能書。嘗語子弟曰：「學者欲求聖賢之道，當切究身心性命之學以見諸實用，至顯達與否皆次要之事。」

匡文昱 周易遵翼約編 十卷 卷首一卷 存

乾隆稿本（六卷）

山東博物館藏清鈔本（不分卷）

哈佛、南京、山東藏乾隆五十一年（1786）膠州匡氏居易盧刻本

山東文獻集成第二輯影山東博物館藏清鈔本

◎卷首：河圖、洛書、伏羲八卦次序、文王八卦次序、伏羲六十四卦次序、文王六十四卦綜而成三十六卦分上下經篇義、伏羲八卦方位、文王八卦方位、六十四卦方位圖正誤、八卦先後天合一之圖、伏羲六十四卦方位圖、文王六十四卦方位圖、周公用九用六圖、古太極圖即孔子易有太極自具兩儀四像八卦之圖、因而重之即卦變之圖、吉凶悔吝即消息盈虛之圖、按一歲氣候分得十二卦之圖。除六十四卦方位圖正誤外，諸圖並為說於後。

◎易例：

一、參天兩地而倚數，謂方圓奇偶。倚者依也，其在數則一依三、三依五而共成九。圓者徑一圍三，故其數奇也。二依四而共成六，方者徑一圍四，故其數偶也。方圓者象也，奇偶者數也，易起於五十而用在九六，皆因象取數。

一、兼三才而兩之，謂初與二為地位、三與四為人位、五與上為天位，而分陰陽剛柔仁義以成三才也。

一、伏羲錯，謂六十四卦皆對待而不易也。

一、文王綜，謂六十四卦皆顛倒而變易也。

一、周公之九六，謂知所損益乃還奇偶方圓之自然也。

一、周公之爻，有乘承敵應，動則變，變則各有其所之之卦，之則復有其所錯之卦，三兩相合乃知詞之所由來，所謂觀其會通是也。

一、孔子之二與四同功而異位，三與五同功而異位，雜物撰德，辨是與非，則非其中爻不備，陰陽上下相屬，六爻聯絡為一體，其中爻互而成卦也。

一、孔子之易有太極，發中正時位之所以然。而周公之九六、羲文之對待運行以此統之，言致一也。

一、孔子之易簡，理得成位乎中，恐人迷於所往，使學易者反求諸己，洗心退藏，自得下手功夫也。

一、孔子之易，逆數也。觀既往已知將來，括詞變象占一經之大言而為言者也。

一、游魂、歸魂義出《繫詞傳》。遊魂為變，與同歸而殊途兩語，卦變則以之卦為游、本卦為歸，不變則以本卦為游、錯卦為歸，惟其逆數之可以知來也。爻則未有不變者，必以之卦為游、錯卦為歸。蓋之卦之體與本卦大同而小異，其性情則全非本卦，故為魂之出游。數往之順也，如乾之純陽，初變則巽、二變則離、三變則兌，皆陰卦也。錯卦之體與本卦則大異而小同，其性情則全根本卦，故為魂之入歸。知來之逆也，如乾之變巽錯震、變離錯坎、變兌錯艮，皆陽卦也，及所錯之卦，其本爻再變，則與本卦正相錯，如乾初變姤錯復、復初變而成坤，與乾相錯，此之謂天地定位，山澤雷風水火可知。蓋爻統於卦，故曰觀其象詞則思過半矣。此非愚之私言也，孔子曰：「象者言乎象者也，爻者言乎變者也，詞也者各指其所之。」又曰：「六爻之義，易以貢」，六十四卦、二百八十四爻，不為打通其故，則不知通神明之德、類萬物之情，近取諸身、遠取諸物意欲何為，而易不可見者幾千年矣。故特於其變而通其象詞、通其象傳、通其大象、通其本爻之卦、通其本爻錯赴、再通其本爻小象，然後知孔子之易即周公之易、即文王之易、即伏羲之易，而四聖人之易即天下萬世人人之易而非我一人之易。雖不敢謂有得於易簡之歸，而覽是書者庶不自投於險阻。是則愚小子所不敢私為一己之易者也。

一、錯綜其數，而卦爻之內詳錯而略綜者何也？曰：以八卦論，則乾坤坎離四卦本有錯而無綜；以六十四卦論，則乾坤頤大過坎離中孚小過八卦本有錯而無綜。文王分上下經，特取綜之義，上經分得乾坤頤大過坎離六卦，

下經分得中孚小過二卦，此外皆兩卦綜而為一，然後卦爻陰陽之數適得均平。故曰羲錯文綜。其實巽即兌之原位、艮即震之原位，故兌可以言巽、震可以艮，文之綜即羲之錯，言錯而綜在其中也。首乾坤者謂之《周易》，今特於彖傳下申其往來之故，斷非如虞翻與諸術家某自某來之說，是即綜也。若夫易之為數，畫逆數也，《說卦》天地定位章曰「八卦相錯」，實括乎全經之言，蓋數往知來，綜之義自在其中。惟其上下無常，周流六虛，神而明之，存乎其人，不可為典要，而以言語驟為解說也。愚固謹遵孔子訓詁，而非敢以己意自為詳略耳。

　　◎周易遵翼約編小序：《易》歷三古，四聖同心，為覺世牖民之書舊矣。其文奧衍閎深，非得孔子之十翼，則三聖人之精之蘊殆有不可悉得而聞者。然歷觀漢注唐箋，昔經詳而傳畧。如小象傳中有解之而不待思者十之三，思之而不可解者十之七，遂以己意自為詳畧，故愈推而愈支、愈難而愈遠也。夫經以象著，傳以意求；經之詞古而奧，傳之旨易以實，得於傳而未能盡通於經者有之，未有精於經而猶不通於傳者也。傳曰「彖者言乎象者也，爻者言乎變者也」，又曰「詞也者各指其所之」，又曰「以文之義易以貢」，又曰「智者觀其象詞則思過半矣」，又曰「因貳以濟民行」，而總歸於八卦相錯，數往者順，知來者逆。是故易逆數也。孔子之言燎若指掌。今悉著於易例。蓋陰陽之故無獨必有偶，以一而神，以兩而化，分之為兩，合之仍一，參伍而萬變不窮，錯綜則百慮一致。錯者，東對西，知西則東不錯；西對東，知東則西不錯。綜者，上反下知，下即上所綜；下反上知，上即下所據。其中有不可以人力安排而無不可以前民用者，所以易有太極，用在逆數也。以一卦言，如乾陽必胎於陰乃能不息，故曰元亨利貞；坤陰必運於陽乃能厚載，故曰先迷後得主。以一爻言，如乾之初必變姤錯復，一陽始在五陰之下，故曰陽在下；坤之初必變復錯姤，一陰乃生五陽之下，故曰陰始凝。此皆孔子韋編三絕之後，乃逐卦逐爻攝其精而標於經下，又作《繫詞》以發其大意、《說卦》《序卦》《雜卦》以明其凡例，然後金車玉鉉之遠取諸物，左腹右肱之近取諸身。其人天且劓，後天之乾即先天之艮；高宗伐鬼方，震坎逆行乃離坤代位。千變萬化、不可思議之象數，以易簡而盡得其理，此孔子之功所以不在三聖人下也。愚自十九歲有志於易，迄今三十年餘。而稍通其故，所著幾六七十萬言，無力不能授梓，乃節其要而約言之，未嘗溢詞於傳外，不過因傳以翼經。嘆易之為教固非末學所能知，而實無智愚所無不知者。此《約編》之所以問諸

當世也。丙午正月八日，後學匡文昱書於居易廬。

◎道光《重修膠州志》卷二十《藝文》：匡文昱《周易遵翼約編》。

匡援 周易玩辭 存

國圖藏民國匡劍堂先生遺稿鈔本

◎一名《至聖學易淵源》。

匡援 周易尊乾 存

國圖藏民國匡劍堂先生遺稿鈔本

◎一名《皇極經世約旨》。

曠敏本 岣嶁易述 佚

◎光緒《衡山縣志》卷三十《人物》一：掌教嶽麓，以經學造士。著述等身，於《易》《書》尤粹。

◎曠敏本（1700～1784），字魯之，號岣嶁（主人），世稱岣嶁先生。湖南衡山人。與胞弟曠敦本（字遜之，號半崖）於乾隆元年（1736）、二年（1737）比年進士及第，一時名震京師，比之江南二陸。又著有《韻箋》、《岣嶁鑒撮》四卷、《岣嶁雜著》、《刪餘文草》、《刪餘詩草》、《南嶽志》、《衡州府志》、《蒙經增注》、《暗室燈》等。

曠敏本 周易旁訓 佚

◎余廷燦《存吾文稿》不分卷《送曠岣嶁前輩由嶽麓歸衡山序》：以嗜學舊儒，白首耆艾，魁壘之士，計其頤壹發憤、潛心覃思，積至六七十年。研味皆至到，發攄必性靈，權衡極分刌，議論通古今，而四海之大，老無可用，一日乃自抱所學，欣然言歸。吾考漢興，經初脫秦火，賴齊魯諸老先生出，輔弱扶微，興廢繼絕，而後六經不墜於煨燼。吾考其人，類皆髮脫齒落、唇腐鏗斷，說經不可別白，至今殷盤周誥尚餘聲聲破碎聲，亦豈不氣緩言澀，脫字冗文而存什一於千百？則斷非諸老師宿儒出不為功。今先生際經學大明之世，又章句小生日藻繢鏨帨，取決科之不暇，於先生所學無可用。先生誠不如其歸。且先生素喜談說經濟、雕鏤文章，又喜號召後學，角辨無已。當其心計指畫口講，結習鬱勃於中而大作於外，是尚見吾衡氣機也。毅然趨已之所嗜猶然犯舉世之所不求，而後乃今擺落收拾，豁然言歸。躡祝融

而不下，契甘泉以印心，沛若巨魚之縱溟渤，杳若鷦鵬之翔寥廓。吾益無以測先生德之所際矣。先生如之何而不樂歸？他年吾將就衡山而問道焉。於其別也，敘以送之。

曠敏本 周易啟蒙 佚

◎光緒《衡山縣志》卷四十《著述·國朝》：曠敏本《周易啟蒙》《禹貢發蒙》(省志載《尚書啟蒙》)。